世界社会保障制度系列丛书
丛书主编 郑功成

加拿大
社会保障制度

王立剑 著

The Canada
Social Security
System

中国劳动社会保障出版社

图书在版编目(CIP)数据

加拿大社会保障制度/王立剑著. —北京：中国劳动社会保障出版社，2017

(世界社会保障制度系列丛书/郑功成主编)

ISBN 978-7-5167-3018-8

Ⅰ.①加… Ⅱ.①王… Ⅲ.①社会保障制度-研究-加拿大 Ⅳ.①D77.117

中国版本图书馆 CIP 数据核字(2017)第 081936 号

中国劳动社会保障出版社出版发行

(北京市惠新东街 1 号　邮政编码：100029)

*

中青印刷厂印刷装订　新华书店经销

787 毫米×1092 毫米　16 开本　9.5 印张　103 千字
2017 年 4 月第 1 版　2017 年 4 月第 1 次印刷
定价：32.00 元

读者服务部电话：(010) 64929211/64921644/84626437
营销部电话：(010) 64961894
出版社网址：http://www.class.com.cn

版权专有　　侵权必究

如有印装差错，请与本社联系调换：(010) 50948191
我社将与版权执法机关配合，大力打击盗印、销售和使用盗版图书活动，敬请广大读者协助举报，经查实将给予举报者奖励。
举报电话：(010) 64954652

中国社会保障学会与中国劳动社会保障出版社联袂推出

丛书编委会

主任： 郑功成

委员（以姓氏笔画为序）：

丁　纯　丁建定　仇雨临　申曙光　何文炯

林　义　林　卡　林闽钢　岳经纶　杨　俊

周　弘　赵树国　曾令萍　鲁　全

总　序

如果要追溯社会保障的渊源，有着连续数千年文明史的中国应当是最具代表性的国家。因为在其有文字记载的漫长历史画卷中，各种描绘社会保障思想与实践活动的文字屡见不鲜，一些社会保障措施甚至自古一直柔性传承至今。然而，以平等、法制、共享等为基本元素的现代社会保障制度，却是现代化进程中带给人类社会的一个异常重要的制度性文明成果。德国因在19世纪80年代首创社会保险制度而成为这一制度文明的起源国，之后被其他国家所仿效。在历经20世纪30年代美国全面建立社会保障制度和20世纪40年代末英国将自己的社会保障制度升华为福利国家等重大事件后，社会保障制度对国家治理、社会经济发展与人民福祉提升所具有的必要性与重要性即获得了世界各国的广泛认同。在当今世界，社会保障已经成为现代国家治理体系中不可或缺的支柱性制度安排，也成为各国人民共享国家发展成果的基本途径与制度保障。

中国是一个大国，也是一个行进在现代化快车道上的发展中国家。在中华人民共和国成立后，除了柔性传承着历史中国的一些社会保障做法外，更在短短几年内就建立了以劳动保险为主体的统一的社会保障制度。这套制度不仅极大地缓解甚至消除了当时社会弱势群体的现实困难，而且为全体人民（特别是城镇居民）提供了稳定可靠的安全预期，它使新生的人民政权迅速赢得了民心，也为国家在严酷的内忧外患环境下获得快速发展创造了万众一心、众志成城的优良社会氛围，这不仅被视为社会主义制度优越性的具体体现，而且在国家治理中扮演着极为重要的角色。

改革开放后，伴随经济体制改革的推进，中国社会保障制度也进入了改革年代，近30年来，几乎所有社会保障项目均进行了深刻的制度变革，原有的以国家负责、单位或集体包办、板块结构、封闭运行为基本特征的社会保障制度已转型为以政府主导、责任分担、社会化、多层次化为基本特征的新型社会保障体系。不过，这种转型还未最终完成，而漫长的试点先行、渐进改革方式亦形成了新的路径依赖，这使得新型社会保障制度还面临着深化改革的艰巨任务。目前，中国的社会保障改革正处于关键时期，中央层面的顶层设计在紧锣密鼓进行中，让这一制度走向成熟、定型已经是国家层面的紧迫任务。

毫无疑问，中国的社会保障制度，必然要打上中国特色的烙印，但也必须充分吸收人类社会共同的文明成果，这就需要了解他国的社会保障制度，并在真正了解的基础上认识和把握社会保障制度发展的客观规律。有鉴于此，中国社会保障学会将组织、出版世界社会保障制度系列丛书列为十分重要的学术工作，并于2015年夏通过青年委员会开始组织申报与评估，接着陆续确定合适的作者承担著作任务。这套丛书的使命，就是尽可能全面、客观地介绍各国的社会保障制度，包括其发展脉络、制度框架、基本特征和主要制度运行的基本情况，以便为读者了解并理解国外社会保障制度提供一个高质量的蓝本。为此，我们确立了三项原则：一是以在国外专门研修过或者正在国外研修社会保障制度的研究者为作者队伍的主体，必要时邀请国外学者撰著本国的社会保障制度；二是强调突出对各国社会保障制度进行客观介绍，力求内容完整、资讯新颖；三是要求简明扼要，为读者自主判断留出空间。因此，这套丛书应当有着区别于其他研究外国社会保障制度的图书的独特价值。

感谢中国劳动社会保障出版社的大力支持，该社作为中国社会保障领域具有广泛影响力的专业出版社，出版过大量有价值的社会保障图书，中国社会保障学会将这套具有独特价值的丛书交由该社陆续出版，无疑是本专业领域的最优合作。

我相信，这套丛书一定能够给中国的社会保障研究者、社会保障实务工作者以及对社会保障有兴趣的读者带来丰富的资讯与诸多的启迪。

中国社会保障学会会长　郑功成
2016 年 9 月 1 日于北京

郑功成（Zheng Gongcheng），现任中国社会保障学会会长，中国人民大学教授，同时担任全国人大常委会委员、全国人大内务司法委员会委员；兼国务院医改咨询委员会委员、国家减灾委专家委员会副主任和多个部门的咨询委员或顾问。长期从事社会保障、慈善公益、灾害保险及与民生相关领域的理论与政策研究。

序

　　人类历史上产生并不断发展的政治、经济、社会、文化等各类制度，在其生命期内，无不呈现出积极演进的特征，即从诞生到成长再到成熟，是一个逐步趋于完善的进程。社会保障制度作为世界各国社会制度的重要组成部分，自创立之日起就为社会稳定和经济发展做出了突出贡献。但由于各国社会保障制度建立的基础和起点不同，各国社会文化和现实国情千差万别，社会保障制度发展阶段存在差异，这就为全球化、多元化背景下，建立现代社会保障制度较晚的国家提供了充分吸取历史教训、借鉴先进经验的机会。

　　我一直推崇中国借鉴加拿大的社会保障制度模式，特别是在养老保障领域。这与我在加拿大的所见所闻有关。2013年4月到2014年3月，我在加拿大萨斯喀彻温大学公共政策研究院做访问研究，合作导师是加拿大社会政策领域的著名学者丹尼尔·贝兰德（Daniel Beland）教授。在这一年里，我阅读了很多加拿大社会政策发展史的材料，也到所在城市的政府机构、社区、养老院进行过实地调研，还体验过加拿大免费医疗保障带来的获得感。最大的体会是，加拿大联邦政府和省（地区）政府承担了社会保障的保基本责任，参加个人缴费项目多是为了提高生活质量，"可有可无"，在我看来是难以想象的。也许，中国的社会保障制度改革，不能完全照搬加拿大的社会保障模式，但至少加拿大社会保障制度建设的理念是可以被借鉴的。

　　从加拿大回国后，我就一直在思考如何把加拿大的社会保障制度原原本本、不加评论地介绍到国内。2016年9月初，源于本丛书主编、中国人民大学郑功成教授的邀请，我把写一本关于加拿大社会保障制度的专著正式提上日程。在我的硕士生叶小刚和凤言的帮助下，我们搜集了大量中英文资料，写作过程中也遇到很多困难，并且数易其稿，用了3个月的时间才完成此书

的撰写。在此，我向提供本书第三、七、八章稿件的叶小刚，第四、五、六章稿件的凤言表示感谢！本书其余章节及统稿工作是由我来完成的，所以本书的文责由我负责。

感谢郑功成教授给了我这次机会，感谢中国劳动社会保障出版社编辑的支持。本书的研究和著述，参考了大量的专著和论文，诚挚感谢所有为我们提供研究借鉴的学者们。

王立剑

目　录

第一章　加拿大社会保障制度概述 ……………………………… 1
第一节　加拿大社会发展概况 ………………………………… 1
第二节　加拿大社会保障制度的建设历程 …………………… 4
第三节　加拿大社会保障制度的基本框架 …………………… 9
第四节　加拿大社会保障制度的管理体制 …………………… 13

第二章　加拿大养老保障体系 …………………………………… 15
第一节　加拿大养老保障体系构成 …………………………… 15
第二节　加拿大老年收入保障计划 …………………………… 18
第三节　加拿大养老金计划 …………………………………… 25
第四节　加拿大补充养老保险计划 …………………………… 34

第三章　加拿大医疗保障体系 …………………………………… 36
第一节　加拿大医疗保障体系构成 …………………………… 36
第二节　加拿大公共卫生保健计划 …………………………… 40
第三节　加拿大私人医疗保险计划 …………………………… 44
第四节　加拿大长期护理保险计划 …………………………… 47

第四章　加拿大就业保险计划 …………………………………… 52
第一节　加拿大就业保险计划的基本功能 …………………… 53
第二节　加拿大就业保险计划的主要内容 …………………… 55
第三节　加拿大就业保险计划的服务机制 …………………… 65

第五章　加拿大工伤保险计划 ············· 68
第一节　加拿大工伤保险计划的基本功能 ········· 68
第二节　加拿大工伤保险计划的主要内容 ········· 70
第三节　加拿大工伤保险计划的服务机制 ········· 78

第六章　加拿大住房保障政策 ············· 82
第一节　加拿大的住房市场化 ············· 82
第二节　加拿大保障性住房的主要形式 ········· 83
第三节　加拿大住房保障的补贴政策 ·········· 86
第四节　加拿大政策性住房抵押贷款保险制度 ······ 92

第七章　加拿大社会救助体系 ············· 95
第一节　加拿大社会救助体系概述 ··········· 95
第二节　加拿大社会救助的主要内容 ·········· 99
第三节　社会救助的省级实践 ············ 104

第八章　加拿大社会福利体系 ············ 110
第一节　加拿大社会福利体系构成 ·········· 110
第二节　加拿大家庭福利计划 ············ 112
第三节　加拿大残障人士福利计划 ·········· 119
第四节　加拿大受害者福利计划 ··········· 123

结束语 ························ 127

参考文献 ······················ 128

第一章
加拿大社会保障制度概述

在近150年的发展史中，加拿大实现了从英属殖民地向世界资本主义经济强国的巨大转变，建立起了全面且完善的现代社会保障制度，成为西方典型的高福利国家。加拿大社会保障体系包括养老保障、医疗保障、就业保障、工伤保险、住房保障和社会救助等多项内容，覆盖面广、保障水平高。

第一节　加拿大社会发展概况

加拿大（Canada）地域辽阔、资源富足。加拿大位于北美洲最北端，东、北、西部分别面向大西洋、北冰洋和太平洋，南与美国接壤，国土面积998.48万平方千米，东西、南北之间分别相距5 514千米、4 634千米，海岸线长达24.30万千米。加拿大辖阿尔伯塔省、不列颠哥伦比亚省（简称卑诗省）、曼尼托巴省、纽芬兰与拉布拉多省、新不伦瑞克省、新斯科舍省、安大略省、爱德华王子岛省、魁北克省、萨斯喀彻温省10个省，以及努纳武特地区、西北地区、育空地区三个地区。在位居世界第二的广阔土地上，加拿大有着丰富的自然资源，森林覆盖面积占全国总面积的44%，可持续性淡水资源占世界的7%，石棉产量位居世界首位，石油、天然气、镍、铜、锌、铝、钻石、镉、钛精矿、盐等储量居世界前列。

加拿大国家结构形式为联邦制，政治体制为议会制君主立宪制。自1867年建立联邦以来，基本上由自由党和保守党轮流执政。2015年10月，自由党赢得加拿大第42届大选，该党领袖贾斯廷·特鲁多（Justin Trudeau）出任加拿大总理。加拿大联邦议会为国家立法机关，由参议院和众议院组成，参议院现设105席，按各省人口比例和历史惯例分配，由总理提名，总督任命；众议院现设338席，按各省人口比例划分的联邦选区直接选举产生，任期4年，众议院中占多数席位的政党领袖出任总理并组阁。加拿大的司法机构设联邦、省和地方三级法院，联邦法院一般受理财政、海事和有关经济方面的案件，各省法院主要审理刑事案件及其他与该省有关的重要案件，地方法院一般审理民事案件。

加拿大人口主要为英、法等欧洲国家的后裔、移民及土著居民，英语和法语同为官方语言。根据加拿大人口普查数据，截至2016年7月1日，加拿大总人口为3 628.64万人，比2015年净增43.78万人，增幅为1.2%。在总人口中，按照性别划分，男性为1 799.56万人，女性为1 829.08万人，分别占总人口的49.59%和50.41%；按照年龄结构划分，0～14岁人口为583.16万人，15～64岁人口为2 446.43万人，65岁及以上人口为599.05万人，人口老龄化率达到16.50%，其中有154.09万80岁及以上老龄人口。此外，加拿大人口城市化率为81.8%，总和生育率为1.6，婴儿死亡率为4.6‰，人口预期寿命为81.9岁，卫生设施覆盖率99.8%。① 总体来看，加拿大人口密度很低，总和生育率远低于2.1的正常水

---

① 数据来源：加拿大国家统计局. Statistics Canada-Catalogue No – 91-215-X.

平，人口老龄化程度将不断提升，为加拿大社会保障制度带来挑战。

加拿大的经济结构比较简单，具有资源密集型、技术密集型、对外依赖型特征，很大程度上受国际经济走势影响。世界银行的统计数据显示，1960—2008 年，加拿大 GDP 年均增长率为 23.60%；2008 年国际金融危机以来，全球通货紧缩，原油、镍等大宗商品市场低迷，加拿大经济增速缓慢；2015 年，加拿大 GDP 为 1.551 万亿美元，与 2008 年的 1.549 万亿美元基本持平。2016 年以来，鉴于美国经济开始长期向好，原油和天然气开采业的大幅反弹，加拿大经济也开始有了长期复苏的趋势。加拿大统计局的统计结果表明，受益于出口反弹的强劲带动，2016 年第一季度 GDP 年增长率为 2.4%。尽管加拿大经济增速放缓，但从人均 GDP 数据来看属于高度发达的国家。2014 年加拿大人均 GDP 为 50 185.48 美元，2015 年下降到 43 248.53 美元，排名世界第 15 位。① 从财政收入来看，2015 年加拿大联邦财政收入为 2 903 亿加元，再加上 13 个省级行政区的财政收入，总额约 6 000 亿加元，其中约 60% 用于社会保障支出。

2014 年以来，加拿大国内就业形势得到显著改善，经济中长期增长前景较为乐观。但是，加拿大国内不断出现的公共危机事件增加了加拿大社会组织与政府之间的内耗，给政府治理能力带来了挑战。2015 年，贾斯廷·特鲁多就任加拿大总理，对内，坚决实行财政赤字，大量投资发展和改善基础设施，大力扶持中产阶级；② 对外，加强与欧美贸易伙伴关系的同时，拓展亚洲和拉美市场，重视

---

① 数据来源：世界银行. World Bank national accounts data，and OECD National Accounts data files.
② 仲伟合. 加拿大发展报告（2016）[M]. 北京：社会科学文献出版社，2016.

与中国的双边关系，在经贸、能源等领域呈现良好的合作发展势头。

第二节 加拿大社会保障制度的建设历程

一、加拿大社会保障制度的早期建设

社会保障制度是国家或社会依法建立的，具有经济福利性和社会化特征的国民生活保障系统的统称。它通过对社会财富分配的国家干预，实现保障民生与改善民生的发展目标。[①] 加拿大的社会保障制度经历了曲折的发展过程。殖民地时期，加拿大城市化程度很低，大部分居民生活在农村地区，以私人互助和教会慈善救助为主要社会保障形式；加拿大独立后，经济社会发生了巨大变化，市场经济快速发展，年老、失业、工伤、疾病等社会风险日益凸显，加拿大政府开始干预社会生活，探索现代社会保障制度的组织形式。

1897年，英国政府颁布的《工伤赔偿法案》刺激了加拿大政府应对工伤事故法案的出台，特别是在安大略和魁北克两个制造业产值约占GDP80%的省份，工人的呼声最高。1909年，魁北克省出台了《魁北克工伤赔偿法案》，非强制性地要求该省企业参保，设计不同程度工伤事故的赔偿标准和程序；1914年，安大略省出台了《安大略工伤赔偿法案》，明确了工伤事故无过错责任原则，简化了工伤事故赔付的程序，具有划时代的历史进步意义。

1908年，加拿大联邦政府通过了《政府年金法案》，鼓励居民购买政府设置的老年年金维持退休后的生活。这一时期施行的政府年金，采用个人支付费用、政府负责管理的方式运作，政府只承担

---

① 郑功成.中国社会保障演进的历史逻辑[J].中国人民大学学报，2014（1）：2-12.

管理费用，不予分担个人缴费。由于该法案完全按照商业保险的形式运营，在居民中并不受欢迎，20年间只有7 713人参保，且参保者主要是中低收入群体，如教师、牧师、手艺人、农场主和小商人等，拥有稳定就业岗位的劳动工人参保率很低。没有参加政府年金的加拿大公民，仍然依靠家庭养老或慈善组织养老。1927年，加拿大政府吸取《政府年金法案》实施困难的教训，开始增加政府在养老中的责任，出台了《老年养老金法案》。在这一法案中，联邦政府承担一定比例的养老费用，并通过有条件拨款的方式，资助省级政府实施老年养老金计划。1931年，修订后的《老年养老金法案》规定，联邦政府需要负担75%的养老费用，吸引了所有省份和地区都加入到该法案的行列，开始全国推行。

此外，1916年，曼尼托巴省出台了《母亲津贴条例》，对于寡妇、离异或遭丈夫遗弃的女性提供津贴补助。1930年，加拿大联邦政府通过了《最低工资法案》《就业与社会保险法案》《战争退伍军人津贴法案》等一系列社会保障方面的法律法规，试图为劳动者提供基本的生活保障，但最终因"违宪"在七年后被取消。因此，早期的加拿大社会保障制度是以零散的单项法案的形式存在的，没有形成完整的体系。

二、加拿大社会保障制度的建成确立

1929—1933年，蔓延至全球的经济大危机让多数人意识到，单纯依靠家庭和零散的社会保障项目，难以帮助大量失去生活来源的人维持基本生活。个人陷入生活困境并不只是因为个人原因，社会经济制度失调也有重要影响，政府应当承担起保障全体居民基本生活权益的重任。从20世纪40年代开始，加拿大以收入调查为基础，以社会救助为底线，开始建立普惠型的社会保障体系。

经济大危机之后，加拿大政府首要的任务是应对失业问题。1940年，《失业保险法案》的通过，开启了加拿大收入维持计划。该法案以拥有稳定工资收入的人群为保障对象，覆盖了75%的雇佣劳动者；但由于没有把第一产业工人、灵活就业人员，以及教师、医生、社会组织人员包括在内，应对经济危机的能力有待加强。1956年，加拿大联邦政府又制定了《失业救助法》，作为《失业保险法案》的补充，保障那些没有参加失业保险的失业者基本生活，但由于失业保障双轨运行，实施效果不理想。1970年，加拿大联邦政府开始修订《失业保险法案》，扩大失业保险的覆盖范围，提高保障水平、放宽待遇享受条件，实现了失业保险广覆盖。

1942年，英国依据《贝弗里奇报告》开始实施以社会保险为核心的社会保障计划，对加拿大也产生了巨大影响。加拿大联邦政府委托伦纳德·马什（Leonard Marsh）设计加拿大社会保障计划，撰写《加拿大社会保障报告》。1943年3月，加拿大公布《马什报告》，展现了包括卫生政策、收入维持计划、就业保障等在内的社会保障计划蓝图。按照这一报告，1951年，加拿大联邦政府颁布了《老年保障法案》和《老年援助法案》，由政府出资为70岁及以上的老年人提供普遍性的养老金，为65～69岁的低收入老年人提供老年援助金，从而使全体老年人都能得到政府提供的养老保障。1966年，加拿大制定了CPP计划（Canada Pension Plan），以雇佣关系为基础实行养老保险，由雇员和雇主缴费，政府管理运作，确保了老年人的收入水平；1967年，联邦政府又通过"保证收入补贴"计划，为那些收入水平仍然较低的老年居民，提供生活补贴，解决了

加拿大居民养老后顾之忧。

随着一系列老年收入保障计划的实施,加拿大的医疗保障体系也在逐步建立和完善。1957年,《联邦医院保险和诊断服务法案》要求联邦政府和各省级政府共同承担住院医疗费用,各占50%;规定无论居民的收入和人口学特征如何,都可以享受同等质量的医疗保险和诊断服务待遇,加拿大普遍型医疗保障体系正式建立。1966年,联邦政府进一步规范了医疗保障的财政责任,通过了《医疗保障法案》,要求各省级政府在承担50%的公共医疗保险成本的同时,还要承诺遵守联邦政府提出的医疗保障全民化的要求,按照联邦政府统一的标准,建立本省的医疗保障体系。同年7月,加拿大联邦政府还制定了"加拿大援助计划",旨在提高低收入者的收入水平,为他们提供经济救助和社会服务。该计划规定,联邦政府和省级政府应当为低收入者提供卫生、教育、社会服务等领域的救助,财政责任各承担50%。

至此,加拿大政府在不断解决社会风险和社会稳定问题的过程中,逐步将失业救济、工伤保险、老年保障、医疗保障、社会救助等社会保障计划制度化、规范化,加拿大现代社会保障体系正式确立。

三、加拿大社会保障制度的改革发展

20世纪70年代初期,由于石油价格震荡引发了世界范围内的经济危机,并波及加拿大。加拿大经济暂停了快速增长的脚步,进入萧条时期。与之相伴随的是出现了通货膨胀、失业人口剧增、国内生产总值下降、政府财政收入减少等问题,高水平的社会保障制度受到社会各个阶层的批判,继而开始评估和反思。参照美国总统

里根的做法，时任加拿大总理马尔罗尼（Brian Mulroney）为了应对糟糕的经济状况，缓解类型多样的社会矛盾，开启了一系列社会保障制度改革。

1. 缩减政府的社会保障支出

1984—1993年，加拿大联邦政府以减少财政赤字为目标，将老年保障金和家庭津贴计划支出进一步缩减，严格失业保险的保障范围和待遇领取条件。1993年，取消了普遍家庭津贴计划，将老年收入保障津贴转变为选择型，同时增加社会救助中省级财政的分担比例，将社会服务职责分配给地方政府。1996年，加拿大卫生和社会转移支付计划取代了社会救助计划，要求各省级政府自主决定财政资金投入量，承担卫生、教育和其他社会服务的主要责任。1999年，加拿大在除魁北克省之外的地区，建立起社会联盟框架协议，严格社会保障各项支出的范围和标准，并把卫生、教育、社会服务捆绑在一起。2004年，加拿大卫生和社会转移支付计划分解为加拿大卫生转移支付计划和加拿大社会转移支付计划。与此同时，加拿大也在削减卫生保障支出，但因为引发了公众不满，从2000年开始又逐步增加政府卫生保障支出。

2. 提升居民的自助能力

加拿大社会保障制度改革的方向是从社会救助转向工作福利，即打破失业陷阱，减少失业人员对国家救助的依赖性；提高劳动技能培训支出水平，提升劳动者的就业能力和增收能力；对于有特殊困难无法获得收入的人群予以社会救助。第一是投资于劳动技能培训，专门成立劳动力发展委员会，融合企业、劳动者、培训机构、职业院校等各自优势，促进劳动者劳动技能的提升。第二是投资于教育事业，加拿大政府重视教育，政府的教育支出占 GDP 的比重位居世界前列；改革高等教育，降低高等教育门槛、提高高等教育质量，增加联邦政府对各省高等教育的支持力度，为有需要的学生提供教育救助。第三是提升儿童福利水平，为中低收入家庭提供儿童保健补贴，为全体国民提供儿童基本津贴、国家儿童附加津贴和残疾儿童津贴，鼓励社区和非营利组织为儿童发展做出贡献。

3. 激励社会力量提供社会服务

加拿大非营利组织非常发达，政府鼓励社会力量提供社会服务。如加拿大的食品银行就是一个全国范围的非营利组织，为境内约 85% 的饥饿居民提供免费的食品救助，政府给予食品银行税收优惠。加拿大幼儿托管中心、学前儿童健康成长协会、老年人看护中心、残疾人咨询中心、邻里中心等都由非营利组织运作。加拿大人力资源和开发部下设的社区发展与合作理事会就是支持社区组织发展的专门机构。

加拿大的社会保障改革已经超出了单纯财政问题的范畴，它把社会保障视为一个社会性问题，综合各种社会资源的优势，探索社会保障制度模式，建立与本国国情相适应的现代社会保障制度，从而推动本国经济发展。

第三节 加拿大社会保障制度的基本框架

一、加拿大社会保障制度的指导思想

在加拿大的政府语境中，社会政策、社会福利与社会保障的含义类似，通常被理解为国家为公民建立的提供终身服务和所需资源的社会网络。加拿大公民的一般价值观是自由、民主、平等、互

助、权利、责任、公共目标等,按照自由主义福利体制设计社会保障制度。

自由主义的前提假设是市场是劳动力的最好保护机制,只要没有外力的干扰,市场可以通过自我调节确保所有有工作意愿的人都能找到工作,市场也会保障他们获得应有的福利待遇。在自由主义福利体制中,居支配地位的是不同程度地运用经济调查和家计调查形式开展的社会救助,辅以少量的"普救式"转移支付或作用有限的社会保险计划,制度保障的主要人群是低收入人群,社会权利扩张受到很大程度的抑制,社会秩序明显分层。[1] 实行自由主义福利体系国家的基本特征是较高的就业率、较低的税赋、较低的社会福利支出规模、较高的工资差异和显著的收入不平等性。

自由主义导向下福利体系设计侧重于四个原则。一是严格审核享受社会保障待遇的资格。自由主义福利体系的非商品化程度很低,社会保险待遇的享受通常与缴费记录挂钩,不与以往就业记录、工作业绩或缴费记录挂钩的只有面向低收入人群的社会救助计划。二是注重社会保障待遇的替代水平。为了避免福利陷阱,社会保障待遇水平要求限定在社会平均收入水平之下的基本生活水平,这样就可以激励接受社会保障待遇的人尽快返回工作岗位。三是人群特定性与普遍享受性相结合。在自由主义福利国家,某些社会福利项目是专门为某些特定群体设计的,其他人群无法享受。四是多元参与原则。在自由主义福利体制中,个人储蓄、商业保险、职业福利、社会保险、社会救助相结合,既强调个人责任,又注重政府

---

[1] 郑秉文."福利模式"比较研究与福利改革实证分析——从政治经济学的角度[J].学术界,2005(3):31-46.

和社会的参与。

二、加拿大社会保障制度的体系结构

在加拿大三级政府制度下,社会保障具体事务主要由省和地区负责,联邦政府人力资源和开发部主要负责制定法案,统一各项社会保险计划,规定社会保障的基本标准和条件,具体事宜由各省和地区参照联邦政府制定的标准执行。加拿大的社会保障体系包含三类计划:

1. 收入保障计划（Income Security Programs）

按照资金来源的不同,加拿大的收入保障计划又可以分为社会保险型和财政转移支付型两类。社会保险型的收入保障计划是以雇主、雇员共同缴费为主要筹资方式,采用现收现付制的形式,将社会保险基金用于保障遭受社会风险群体的基本生活,强调权利与义务的对应,也强调社会成员之间的互助共济,具有选择性。社会保险型的收入保障计划具体包括加拿大年金计划、就业保险计划、工伤保险计划等。财政转移支付型收入保障计划主要针对低收入家庭或特殊人群,采用财政资金直接补助的形式,提高保障对象的收入水平,确保保障对象能够享受均等的社会服务,具有普惠性。财政转移支付型收入保障计划具体包括老年保障金、老年收入补贴、社会救助、住房保障、儿童福利、残疾人福利、军人优抚等项目。

2. 健康保障计划（Health Canada Programs）

加拿大施行全民免费的健康保障计划,强调全体公民的公平、共享。每个加拿大居民都能够享受到旨在促进健康的医疗和保健服务,个人直接支付的医疗费用很低,居民不会因为疾病陷入生活窘迫的境地,体现了健康保健服务的均等化。按照健康保健服务的类型，加拿大公共卫生保健计划中包括了住院保险和医疗保健计划。住院保险是加拿大较早建立起来的医疗保险项目，目的是应对高额的住院费用，帮助人们分担医疗费用；医疗保健计划主要针对门诊医疗需求，由公共部门负责向所有被保险人提供免费医疗，确保13个省级行政区按照同一套医疗保健计划确定的原则，在私营或公立医院、诊所享受住院和门诊服务。除了公共的健康保健计划之外，加拿大还有补充性医疗保障计划，通过商业医疗保险的形式，保障免费医疗之外的医疗服务项目所需费用。

3. 社会服务计划（Service Canada Programs）

社会服务是广义社会福利体系的重要组成部分，与提供经济支持的社会保障体系相互补充。加拿大社会服务主要面向社会弱势群体，包括儿童、青少年、妇女、老年人、体智残疾者、身患绝症者等，提供维持基本生活和促进生计发展的社会服务。在加拿大的社区中有许多全国性的社会服务机构，如为双职工家庭提供幼儿托管服务的日托中心，关注社区儿童早年健康成长的幼儿协会，为社区老年人提供住所和看护服务的老年中心，为穷人和低收入者提供食品救济的食物银行，为残障人士提供心理康复服务的资源中心等。此外，加拿大政府还为外来移民提供免费的语言和职业技能培训，支持社会组织为移民提供心理、法律、住房、就业、教育等基本公共服务的指导和咨询。

加拿大社会保障制度的体系结构见图1—1。

第一章 加拿大社会保障制度概述

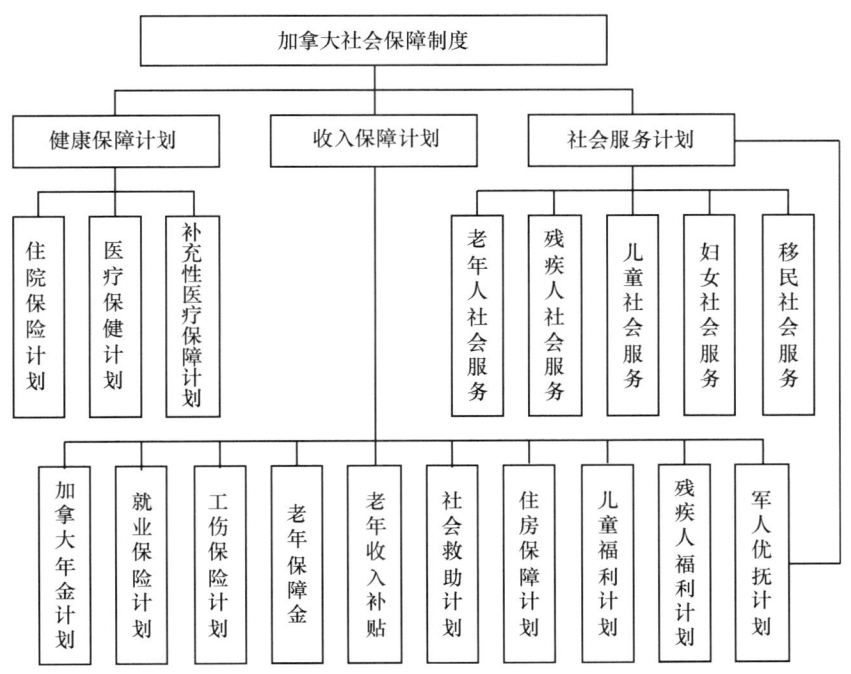

图 1—1 加拿大社会保障制度的体系结构

第四节 加拿大社会保障制度的管理体制

社会保障是社会化事业，要求由社会化、专业化的机构进行管理。加拿大采用政府直接管理的方式，由卫生部、人力资源和开发部、退伍军人事务部、妇女地位国务部、联邦税务部等部门主管社会保障事务。其中卫生部负责加拿大健康保健计划的制度设计和运行，下设审计及监察局、财务处、企业服务处、秘书处、第一民族与因纽特人健康处、健康产品与食品处、健康环境与消费者安全处、健康环境与消费者安全处等处室。人力资源和开发部对联邦政府的资金支持、就业和人力资源以及劳动力市场进行集中管理，提供加拿大民众收入津贴、技能发展机会、劳动市场信息，管理老年保障金、加拿大养老金计划、就业保险、工伤保险等社会保障项目。退伍军人事务部和妇女地位国务部分别负责军人优抚和妇女福利。联邦税务部负责筹措社会保障支出所需资金。此外，加拿大还有半自治的社会保障管理部门，如加拿大就业与移民保险委员会等。

加拿大是联邦制国家，联邦、省、地方均有一定的财政自治权，但在社会保险领域采用全国统一的政策。除魁北克省外，加拿大养老金计划由联邦政府负责管理，各项政策全国统一；就业保险计划资金来源是雇主和雇员缴费以及联邦政府资助；健康保健计划由各省自行制定实施办法，联邦政府通过财政转移支付的方式予以补贴；社会救助计划的制定和实施都由省级政府负责，联邦政府承担50%的费用；军人优抚资金全部来自联邦政府。

加拿大的社会保障管理体制具有福利多元化特征，既有联邦政府、省级政府、地方政府的直接组织和管理，也有非政府组织的参与。收入保障计划中的老年保障金、失业保险金、家庭津贴等项目由政府采用直接现金支付的方式实施；商业性补充型的商业保险则由市场提供。社会服务计划中，政府直接出资参与并管理了约80%的社会服务项目，承担了社会服务的主要责任；其他社会服务项目则由自治、半自治机构开展。

第二章
加拿大养老保障体系

加拿大是一个人口老龄化形势严峻的国家，自1951年就进入了老龄化社会。为了保障老年群体的基本生活，加拿大建立起了全覆盖、高水平、多层次的养老保障体系，为老年人养老提供了较为充足的现金、实物和服务支持。本章梳理加拿大养老保障体系的三个支柱，重点介绍加拿大老年收入保障计划、加拿大养老金计划和补充养老保险计划，梳理养老保障体系的管理和基金运营，分析养老保障体系的最新进展。

第一节 加拿大养老保障体系构成

加拿大养老保障体系经过近百年的探索，建成了层次清晰的三支柱模式。零支柱为政府财政全额负担的福利性老年收入保障计划，包括老年保障金（Old Age Security，简写为OAS）、收入保障补贴（Guaranteed Income Supplement，简写为GIS）及其他津贴；第一支柱为雇主和雇员共同缴费的强制型社会养老保险制度——加拿大养老金计划（Canada/ Quebec Pension Plan，简写为CPP/QPP）；第二支柱为税收递延型自愿参加的补充养老保险计划，包括注册养老金计划（Supplementary Pension and Private Pensions and Savings，简写为 SPPPSs)、注册退休储蓄计划（Registered Retirement Saving Plan，简写为 RRSP) 等。

一、零支柱：老年收入保障计划

老年收入保障计划旨在通过收入再分配的方式，向老年群体免费提供一定额度的养老金，在养老保障体系中发挥兜底作用。该计划的资金来自联邦政府的财政收入，以政府财政转移支付的方式，向老年群体发放。鉴于老年群体原有财产和收入水平的差异，老年收入保障计划涵盖三个具体项目，其中老年保障金面向全体老年人口发放，替代率约为15%；老年收入保障补贴面向低收入老年人发放，避免他们在领取老年保障金之后仍然陷入贫困；其他补贴，如配偶补助（SPA)、丧偶配偶补助（WSPA）等则面向有特殊困难的老年群体发放。近年来，随着老年人口数量的不断增多，加拿大政府支付养老金的财政压力逐渐加大，加拿大政府正在探索以提高领取老年保障金年龄为主要措施的改革。

二、第一支柱：加拿大养老金计划

加拿大养老金计划诞生于1965年，包括加拿大养老金计划和魁北克养老金计划，以就业和半就业人口为保障对象，强制性要求雇主和雇员共同缴费形成养老基金，用于支付该计划下退休雇员的养老金，主要目的是维持退休后老年人口的基本生活，替代率约为25%。加拿大养老金计划向老年人支付的养老金包括基本养老金和补充养老金两部分，基本养老金按照退休前收入和缴费的总年份进行计算，补充养老金根据参保人或其配偶是否死亡、残废、无生活能力、孤寡、抚养子女等因素确定。加拿大养老金计划的基金征缴部门为加拿大税务总局，养老金发放部门为人力资源和开发部。

三、第二支柱：补充养老保险计划

加拿大的补充养老保险计划包括注册养老金计划和注册退休储蓄计划，用以提高老年人口的收入水平。（1）注册养老金计划是雇主自愿为雇员建立的养老保险计划，由雇主和雇员共同缴费，经税务机构注册认可并可以税收递延的养老金计划，类似于中国的企业年金制度，替代率约为30%。该计划同样鼓励老年人口推迟领取养老金的年龄，如果在退休年龄之前领取则下调养老金水平，延迟领取则会提升养老金水平。（2）注册退休储蓄计划是个人自愿建立并缴费的税收递延型储蓄养老计划，目的是鼓励中高收入人群合理安排生命周期内的财产分配情况，便于提升退休后的收入水平。该计划采用市场化的方式运作，个人可以在银行、保险公司、信托公司、基金公司等有资质的单位开设退休储蓄计划账户，定期存入资金（见图2—1）。

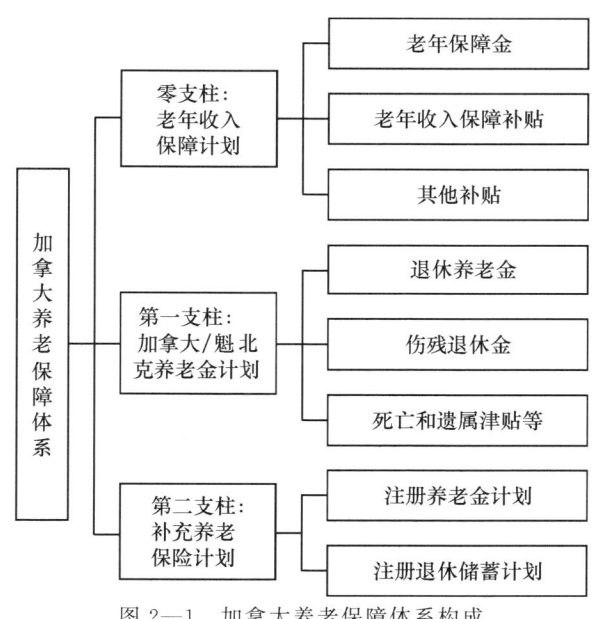

图2—1　加拿大养老保障体系构成

从加拿大的养老保障体系来看，由政府组织建立的老年收入保障计划和加拿大/魁北克养老金计划主要用于满足老年人口的基本生活需要，预防老年贫困，替代率约为50%；由雇主和雇员自愿缴纳的补充养老保险计划属于提高老年人口收入水平的养老金计划，满足不同收入人群的多元化养老需求，替代率约为40%。将加拿大的养老保障体系与我国相比较，老年收入保障计划相当于我国面向低收入老年人提供的社会救助，加拿大/魁北克养老金计划相当于我国基本养老保险，补充养老保险计划相当于我国的企业年金或职业年金。加拿大各项养老保障计划执行严格的精算机制、投资机制和信息披露机制，运行效果良好。

第二节　加拿大老年收入保障计划

一、老年保障金

加拿大老年收入保障计划是政府设立的最大养老金项目，不需要个人直接交费，政府采用财政预算拨款的方式为老年人提供收入保障。老年收入保障计划中的老年保障金按月发放给符合法定领取条件的65岁以上加拿大公民；此外，还有收入保障补贴、老年津贴、遗属津贴等附加项目作为老年保障金的补充，发放给满足领取条件的老年居民。

1. 领取资格

加拿大公民的工作经历不会影响领取老年保障金的资格条件，从未工作过或正在工作的老年人，只要满足法定条件都可以领取老年保障金。居住在加拿大境内的公民，领取老年保障金的条件是：（1）65岁及以上；（2）拥有加拿大国籍或在申领老年保障金时拥有法定居住权限；（3）18 岁之后在加拿大至少居住了 10 年。居住在加拿大境外的公民，领取老年保障金的条件是：（1）65 岁及以上；（2）拥有加拿大国籍或在离开加拿大国境之前拥有在加拿大合法的居住权限；（3）18 岁之后在加拿大至少居住了 20 年。

如果不符合上述两类情景，但符合以下两种条件时，可以在其他国家或在加拿大本国、或在两个国家同时领取老年保障金：（1）居住在和加拿大达成社会保障合作协议的国家；（2）在和加拿大达成社会保障合作协议的国家参加社会保障，并达到该国领取养老金的法定条件。例如工作在加拿大境外并服务于本国雇主的公民，如军人、银行职员等，在海外工作时间视同为在加拿大国内居住时间，但需要在终止工作 6 个月内返回国内或年满 65 岁返回国内且仍在工作。国际组织中的加拿大籍工作人员及其配偶、合法同居者、供养人员在境外的时间，也计算在本国居住时间内。

2013 年 7 月开始，加拿大鼓励老年人推迟领取老年保障金的时间，但推迟时间最长不能超过 60 个月，也就是说最迟要在 70 岁开始领取。对于推迟领取养老保障金者，每推迟一个月增发法定标准 0.6％的老年保障金，最多增发 36％。需要指出的是，选择推迟领取老年保障金的人，没有资格领取收入保障补贴，他的配偶或合法同居者也失去了领取老年津贴的资格。

在达到法定领取条件后，决定是否开始领取老年保障金时，需要考虑个人的基本情况，如现在和未来的收入来源、工作状况、健康状况和退休计划。总之，如果将领取年龄推迟到 70 岁之后，则没有任何财务优势，反倒会扩大损失福利的风险。

2. 待遇标准

老年保障金的领取标准由居民 18 岁之后在加拿大居住的时间决定，并在每年的 1、4、7、10 月根据 CPI 指数进行动态调整。如果领取老年保障金之后仍属于低收入人群，则可以领取收入保障补贴。

领取全额老年保障金需要满足以下两个条件之一：（1）18 岁之后在加拿大境内至少居住满 40 年。（2）生于 1952 年 7 月 1 日及之前，至 1977 年 7 月 1 日一直在加拿大境内生活；或者生于 1952 年 7 月 1 日及之前，至 1977 年 7 月 1 日没有全部在加拿大境内生活，但 18 岁之后一直在加拿大境内生活；或者生于 1952 年 7 月 1 日及之前，至 1977 年 7 月 1 日已经获得加拿大移民签证。此外，老年保障金申领人需要在加拿大连续居住满 10 年，如果达不到连续居住标准则还需要满足：在申领老年保障金的前一年连续在加拿大境内居住，并且用相当于境外居住时间 3 倍的境内居住时间，来抵消境外居住时间后仍然满足全额领取老年保障金的条件。例如某位老人 60 岁和 62 岁两年不在加拿大居住，那么就需要用 18~55 岁之间的 6 年时间去抵消这两年时间，再重新考量是否能够全额领取老年保障金。

如果不满足领取全额老年保障金的居住年限条件，且不希望等到满足条件再领取，则可以领取部分老年保障金，但必须满足 18 岁之后在加拿大居住满 10 年的基本条件。部分老年保障金的计算办法是在加拿大实际居住年限除以满额年限（40 年）再乘以满额养老金金额，也就是说领取老年保障金的老年人最低能领取 25% 的老年保障金。需要特别说明的是，从领取部分老年保障金之日起，新增的居住年限不在计算老年保障金额度考虑范围内。

按照 2016 年 10 月的标准，满额老年保障金额度为 578.53 加元，年收入超过 119 615 加元者，需要扣减特定额度的老年保障金。

3. 申领程序

决定是否申领老年保障金的关键因素在于老年人的收入情况以及以下两种情形：(1) 在年龄达到 64 岁的当月，收到了来自加拿大社会服务部（Service Canada）寄来的达到领取老年保障金资格的通知书，则可以尽快填写完整老年保障金申请表并寄回到通知书中要求的地址。如果收到的是已经自动填好且信息准确的通知书，则只需要确认信息即可，无须再填申请表格。如果希望推迟领取老年保障金，则需要在加拿大社会服务网个人账户上按照程序填写申请资料，打印、签字后寄至通知书中要求的地址。(2) 在年龄达到 64 岁的当月，没有收到加拿大社会服务部寄来的申领老年保障金通知书，且本人希望在 65 岁时就领取老年保障金，需要在加拿大社会服务网个人账户申请。如果本人已满 65 岁且希望立即开始领取，同样需要在个人账户申请，在发放老年保障金时允许从收到申请表的当月向前追溯 11 个月发放。如果因为身体原因无法自填或期望早日领取老年保障金，需要在社会服务网个人账户中单独申领，并提供佐证材料。

申请完毕后，加拿大社会服务部会通知申请人申请结果或要求提供附加材料以便于做出决定。如果本人对申请处理结果不满意，可以在收到处理结果的 90 天内以书面形式要求复议，加拿大社会服务部会指派原处理结果做出人之外的工作人员重新审查申请材料，做出行政决定。

4. 待遇发放

老年保障金发放起始时间为以下三个时间中最晚的一个：(1)

满足居住时限和其他法定申领条件的当月;(2) 65 岁生日后的第一个月;(3) 满足申领条件后个人申请开始领取的月份。老年保障金会按月自动打入申领者在加拿大或美国注册的银行账户。

如果申请人在加拿大境外居住,在满足以下两个条件之一时,可以按月发放老年保障金:(1) 18 岁之后在加拿大居住至少 20 年;(2) 生活或工作在与加拿大签署社会保障合作协议的国家,且满足 20 年的约定条件。如果不满足上述条件,领取老年保障金的时间最多延续到离开加拿大国境后的 6 个月。

二、老年收入保障补贴

领取老年保障金后仍然处于低收入水平的老年人可以申请按月领取免税的老年收入保障补贴(GIS)。申领老年收入保障补贴需要同时满足以下条件:(1) 已经领取老年保障金;(2) 个人年收入或夫妻共同年收入低于特定数额。在退税后,如果申领人还满足上述两个条件,在每年的 7 月份,老年人将收到原待遇终止,开始发放新待遇的通知。如果属于自动获得老年保障金的人群,则需要在满 65 岁之前的 3 个月内申领老年收入保障补贴;对于外来移民,年满 18 周岁之后在加拿大居住的时间少于 10 年者,没有申领老年收入保障补贴(GIS)的资格,除非他的供养人出现宣布破产、坐牢 6 个月以上、虐待申领人、死亡四种情况之一,才可申领。

老年收入保障补贴的领取金额取决于婚姻状况、前一年的收入、夫妻共同收入状况等因素。在计算收入时,主要考虑老年人的以下项目:加拿大养老金计划下领取的养老金,注册养老金、注册退休储蓄及其他境外养老金收入,就业保险金,个人财产性收入、投资收益及股息,净劳动收入与所缴纳的养老保险、就业保险费以及 3 500 加元豁免额的差，自雇收入与养老保险、就业保险缴费的差，其他情形的收入。当以下条件之一产生时，享受老年收入保障补贴待遇的老年人，需要跟加拿大社会服务部联系，改变老年收入保障补贴数额：（1）领取人或领取人的配偶、合法同居者的年收入出现明显下降，可以申请根据当年收入状况领取老年收入保障补贴，而不是上一年的收入；（2）申领人的配偶或合法同居者被监禁；（3）婚姻状态发生变化。

停止领取老年收入保障补贴的条件是：（1）在当年 4 月 30 日前没有申请退税，或在 6 月底之前没有上报上一年度的收入情况；（2）离开加拿大连续超过 6 个月；（3）收入超过领取老年保障补贴的限额；（4）被判两年以上监禁；（5）死亡。

三、其他补贴

1. 配偶补贴

该项补贴面向领取老年收入保障补贴者的配偶，当满足以下所有条件时可以申领：（1）年龄在 60～64 岁之间；（2）申领者配偶或合法同居者正在领取老年保障金，符合领取老年收入保障补贴的资格；（3）申领者是加拿大公民或拥有加拿大合法居住权；（4）正在加拿大居住并且自 18 岁以来在加拿大居住满 10 年；（5）与配偶的合计收入低于特定值。此外，还有其他可以申领配偶补贴的情形：（1）满足所有申领配偶补贴的条件，但是配偶因为被监禁没有领取老年保障金或老年收入保障补贴；（2）18 岁之后在加拿大居住时间不满 10 年，但曾在与加拿大有社会保障合作协议的国家生活或工作，可以申领部分配偶补贴。

配偶补贴将在申领者年满 65 岁时停止，当出现以下三种情形之一时，需要调整配偶补贴数额：（1）申领者本人或配偶、合法同居者因为退休或其他原因年度收入减少，可以申请用本年度的收入代替上一年度的收入计算配偶补贴；（2）申领者的配偶或合法同居者被监禁；（3）婚姻状态发生变化。

停止领取配偶补贴的条件与停止领取老年收入保障补贴的条件相同。

2. 遗属补贴

遗属补贴面向生活在加拿大且配偶或合法同居者已经死亡的低收入老年群体提供。申领遗属补贴需要全部满足以下条件：（1）年龄在60~64岁之间；（2）申领者是加拿大公民或拥有合法居住权；（3）申领者正在加拿大生活且18岁之后在加拿大生活了至少10年；（4）配偶或合法同居者已经死亡且申领人没有再婚或与其他人合法同居；（5）年收入低于特定数额。满足申领条件者，会在每年的7月收到一份资格确认通知，用于申领遗属补贴。当申领人年满65周岁或满足申领老年保障金和老年收入保障补贴条件时，停止发放遗属补贴。

依据2016年10—12月的数据，加拿大老年人领取的老年保障金、老年收入保障补贴、其他补贴领取标准见表2—1。

表2—1　　老年保障金、老年收入保障补贴、其他补贴领取标准

(2016年第四季度)

老年收入保障计划类型	申领人状况	满额领取标准（加元）	领取资格中的收入限额（加元）
老年保障金	不考虑婚姻状况	578.53	119 615（个人年收入）
满额领取老年保障金者的老年收入保障补贴	单身、丧偶或离异者	864.09	17 544（个人年收入）
	配偶或合法同居者已满额领取老年保障金	520.17	23 184（两人年收入）

续表

老年收入保障计划类型	申领人状况	满额领取标准（加元）	领取资格中的收入限额（加元）
满额领取老年保障金者的老年收入保障补贴	配偶或合法同居者没有领取老年保障金	864.09	42 048（两人年收入）
	配偶或合法同居者正在领取老年收入保障计划中的其他补贴	520.17	42 048（两人年收入）
配偶补贴	配偶或合法同居者领取老年收入保障补贴和全额老年保障金	1 098.70	32 448（两人年收入）
遗属补贴	配偶或合法同居者死亡	1 309.67	23 616（个人年收入）

第三节　加拿大养老金计划

20世纪60年代以前，加拿大养老金计划都是私人运作，个人自愿参加，覆盖率很低。1965年，加拿大政府出台《加拿大养老金计划法案》和《魁北克养老金计划法案》①，正式开启了国家强制执行的社会养老保险性质的养老金计划。加拿大养老金计划（CPP）旨在为参保人及其家属退休、伤残或死亡后的基本生活提供保障。

一、参保缴费

2015年6月15日，加拿大联邦政府最新一次修订了《加拿大养老金计划法案》，按照该法案的规定，除了极少数的免责情形之外，每一位18周岁以上且年收入高于3 500加元的工作者（魁北克省的工作者参加魁北克养老金计划，下同）都必须参加加拿大养老金计划，参保缴费最多至70岁；有雇主的工作者，雇主、雇员各缴纳应缴保费的50%，自雇者个人全额缴纳养老保险费。参保缴费是

---

① 《魁北克养老金计划法案》在魁北克省施行，基本框架与其他省份施行的《加拿大养老金计划法案》类似，只是制度参数有区别，本书以《加拿大养老金计划法案》为例介绍加拿大的养老金计划。

享受养老金、退休后福利、伤残福利、死亡福利的前提。

参保缴费的额度取决于参保人的工作收入。参保缴费基数仅计算个人工作收入，且最低值为年收入 3 500 加元，最高值在每年的 1 月份基于社会平均工资的涨幅公布。2016 年缴费基数的最高值为年收入 51 400 加元，即参保缴费基数介于 3 500~51 400 加元之间，年收入低于 3 500 加元的可以不参加加拿大养老金计划，年收入高于 51 400 加元的以 51 400 加元为基数缴费，介于 3 500~51 400 加元之间的把实际收入作为缴费基数。

目前，加拿大养老金计划的缴费率固定为 9.9%，其中雇主和雇员分别缴纳缴费基数的 4.95%，自雇者缴纳缴费基数的 9.9%。2016 年，雇主和雇员年缴费额最高不超过 2 544.30 加元，自雇者年缴费额不超过 5 088.60 加元。表 2—2 是 2010—2017 年加拿大养老金计划缴费参数设定。

表 2—2　　2010—2017 年加拿大养老金计划缴费参数设定①　　单位：加元，%

年份	计算养老金的收入基数上限	缴费基数上限	缴费基数下限	雇主和雇员缴费率	雇主和雇员缴费上限	自雇者缴费上限
2017	55 300	51 800	3 500	4.95	2 564.10	5 128.20
2016	54 900	51 400	3 500	4.95	2 544.30	5 088.60
2015	53 600	50 100	3 500	4.95	2 479.95	4 959.90
2014	52 500	49 000	3 500	4.95	2 425.50	4 851.00
2013	51 100	47 600	3 500	4.95	2 356.20	4 712.40
2012	50 100	46 600	3 500	4.95	2 306.70	4 613.40
2011	48 300	44 800	3 500	4.95	2 217.60	4 435.20
2010	47 200	43 700	3 500	4.95	2 163.15	4 326.30

① 数据来源：http://www.cra-arc.gc.ca/tx/bsnss/tpcs/pyrll/clcltng/cpp-rpc/cnt-chrt-pf-eng.html.

参保缴费时间和额度是决定本人及家庭成员能否享受加拿大养老金计划待遇以及待遇水平高低的重要因素。一般而言,加拿大养老金计划秉承多缴多得、长缴多得的原则,由税务部门负责收缴保费,社会服务部门负责记录缴费金额。当参保人领取伤残福利、没有工资收入或工资收入低于3 500加元时,停止参保缴费。当参保人迁移至境外和加拿大签订社会保障合作协议的国家生活或工作时,参保缴费年限累积计算,同样的原则对迁移至加拿大生活的签订协议国家的公民也适用。

二、基本待遇

1. 退休养老金

退休养老金属于待遇确定型(DB)养老金计划,发放标准以40年的缴费年限为基数,其中允许将17%的没有收入或者工资较低的年限去掉,妇女生育和夫妻照顾7岁以下儿童的时间还可以多扣除一些工资低的年限,然后根据有效工作年限,按平均缴费工薪的25%发放。计算步骤如下:

(1) 计算缴费月数(NCM)

缴费月数最早从年满18岁的当月和1966年1月之间的较晚者起算,到70岁或开始领取退休养老金的当月截止,个人根据实际情况计算缴费月数,但要排除领取伤残津贴的月数。例如,18岁开始缴费一直到65岁标准退休年龄开始申请退休养老金,缴费没有间断且没有领取伤残津贴,那么这一参保人的缴费年限是47年,NCM是564个月。

(2) 计算调整后计算养老金的收入基数总额($TAPE$)

计算养老金的收入基数是指缴纳养老保险费期间的工薪收入,

可以在加拿大社会服务部网站上的个人账户查询，查询到的结果称为未调整的计算养老金的收入基数（UPE）。每一年度，加拿大政府都会公布计算养老金的收入基数上限（YMPE），见表2—2。然后计算每一个缴费年度的（UPE/YMPE），再乘以拟领取退休养老金之前5年的平均$\overline{YMPE}_5$，得到每一个缴费年度调整后计算养老金的收入基数（APE），即：

$$APE_t = (UPE_t/YMPE_t) \times \overline{YMPE}_5$$

以2016年开始领取退休养老金为例，$\overline{YMPE}_5$应计算从2012—2016年计算养老金的收入基数上限的平均值，根据表2—2计算得到$\overline{YMPE}_5 = 52\,440$。因此，假设某参保人2013年的收入为40 000加元，那么该参保人：

$$APE_{2013} = (40\,000/51\,100) \times 52\,440 \approx 41\,048.92$$

照此方法，可计算参保人所有参保年限的APE之和，即可得到此人的TAPE。

（3）计算合理扣除年限

在抚养7岁以下的子女和伤残两种情形下，导致当年的APE很低，则可以合理扣除这两种情形下的参保年限。参保人可以合理扣除的参保年限不能超过缴费年限总长度的17%，再次生育或者伤残时，可再额外扣除一定的年限。例如，缴费年限为564个月的参保人，可以合理扣除的缴费时长为564×17%=95.88，即96个月。

如果同一个人第二个孩子在第一个孩子出生三年后出生，那么他可能低收入的时间为120个月，就可以再额外扣除一些缴费时长。再次计算扣除年限时，须用缴费年限减去实际低收入年限后，再乘以17%，即第二个孩子额外扣除的时长为（564-120）×17%=

75.48，为76个月。需要指出的是，参保人可以不用满合理扣除年限，合理扣除的时长只要低于法定时长即可。

（4）计算月均计算养老金的收入基数（AMPE）

首先，在 $TAPE$ 中减去合理扣除年限内各年度的 APE。例如减去96个合理扣除月份，相当于在 $TAPE$ 中去掉8年的 APE；如果扣减的月份不是12的倍数，例如扣除76个月，那么要减去6年完成的 APE，再减去另外一个年度1/3的 APE。其次，从 NCM 中扣减合理扣除月数。例如564个月的缴费时长减去96个月的合理扣除月数，得到 NCM 为468。

计算 $AMPE$ 的公式为：

$$AMPE = TAPE/NCM$$

（5）计算退休养老金

65岁退休标准化的退休养老金水平为：

$$AMPE \times 25\%$$

加拿大养老金计划下的退休养老金按月发放，标准领取年龄为65岁，最早可以从60岁开始领取，最迟可以在70岁领取。如果在65岁之前申领退休养老金，每提前一个月将减少标准额度的0.6%，每年7.2%，最多减少36%；如果在65岁之后开始申领养老金，每推迟一个月将增领标准额度的0.7%，每年8.4%，最多增加42%。申领退休养老金的资格条件是：①年龄超过59岁零1个月；②工作在加拿大并且至少为加拿大养老金计划缴费满一年；③希望在未来12个月之内开始领取退休养老金。

2. 伤残福利

加拿大养老金计划为满足缴费条件的参保人在因伤残无法工作

时向伤残人提供专项养老金。伤残需要同时满足严重和持续时间长两个基本条件，且影响了参保人找到正常的工作。伤残严重意味着申请人在精神或身体上的伤残导致他们无法承担需要持续、可以获得收入的工作；伤残持续时间长意味着申请人的伤残将持续一个较长的时间或者可能导致死亡。

如果申请人在60～64岁之间，申请人需要先申请退休养老金，然后再申请伤残福利；如果申请人正在领取退休养老金，申请成功后退休养老金将转换为伤残福利，基本条件是：（1）申请人年龄在65岁以下；（2）被认定为伤残且符合《加拿大养老金计划法案》规定的条件；（3）领取退休养老金的时间在15个月之内；（4）在工作期间缴纳足够的CPP税费，即其在伤残前的6年中连续4年缴纳CPP，或者连续缴纳25年CPP并在伤残前的6年中连续3年缴纳CPP。

3. 遗属福利

参保人死亡后，其配偶或合法同居者能够从加拿大养老金计划中得到遗属福利，所得金额取决于三个要素：（1）是否同时领取退休养老金或伤残福利；（2）申领者年龄；（3）死者向加拿大养老金计划缴费的时间。加拿大养老金计划遗属福利待遇标准见表2—3。

表2—3　　　　　加拿大养老金计划遗属福利待遇标准[①]　　　　单位：加元

申领者条件	遗属福利待遇标准
年龄在65岁及以上	申领者没有同时领取其他CPP福利，则获得死者退休养老金60%的遗属福利
年龄在45～64岁之间；或者在45岁以下，伤残或抚养子女	统一标准领取；如果申领人没有同时领取其他CPP福利，则再加上死者退休养老金的37.5%

① 数据来源：http://www.esdc.gc.ca/en/cpp/survivor_pension.page.

续表

申领者条件	遗属福利待遇标准
年龄在45岁以下，且非伤残、不需抚养子女	统一标准领取，再在每个月扣减统一标准的特定比例额，这一比例是死者死亡时申领人年龄小于45岁的月数乘以1/120
年龄在35岁以下，且非伤残、不需抚养子女	不予支付伤残福利，除非单身到65岁或伤残

4. 死亡福利

当CPP参保人死亡时，加拿大养老金计划一次性支付给遗属一笔死亡抚恤金。如果死者有财产遗存，则法定继承人或遗产执行人可以在60天内申领死亡福利；如果死者没有财产遗存，或者法定继承人没有申领死亡福利，则死亡福利按照丧葬出资人、未亡配偶或合法同居者、近亲属的优先顺序择一发放。

申领死亡福利时，死者必须是加拿大养老金计划的参保人，并且参保缴费年数超过应参保年龄段的1/3，且不少于3年，或者参保10年以上；在与加拿大签署社会保障合作协议的国家参保缴费的，缴费年限累积计算。死亡福利标准取决于死者缴费数额和缴费时间，2016年1月统计的平均死亡福利金额为2 296.85加元，最高死亡福利金额为2 500加元。

5. 子女福利

子女福利是加拿大养老金计划向伤残或死亡的参保者子女按月发放的福利津贴。子女需要满足的条件是：（1）年龄在18岁以下；（2）年龄在18～25岁之间，在全日制学校就读。参保人需要满足的条件是：（1）参保缴费至少3年；（2）如果应当参保缴费时间超过9年，则需要1/3的年限在缴费，或者缴费满10年。2016年，子女福利的均值是237.69加元。

如果申领子女小于18岁，那么子女福利发放给和子女一起生活的成人，特殊情况下可以支付给子女；如果子女年龄在18岁以上且在全日制学校就读，则子女福利直接发放给子女本人。当以下四个条件出现之一时，停止发放子女福利：(1) 子女超龄或者18～25岁离开学校工作；(2) 父母或监护人的伤残福利停止；(3) 子女不符合条件；(4) 子女死亡，或婚姻、生活状态发生变化。

2016年，加拿大养老金计划基本待遇统计见表2—4。

表2—4　　加拿大养老金计划基本待遇统计[①]　　单位：加元

待遇类型	平均待遇水平（2016年7月）	最高待遇水平（2016年）
退休养老金	642.45	1 092.50
延迟退休增发养老金	12.41	27.31
伤残福利	935.02	1 290.81
65岁以下遗属养老金	415.90	593.62
65岁以上遗属养老金	310.69	655.50
伤残者子女福利	237.69	237.69
死亡者子女福利	237.69	237.69
死亡福利	2 299.34	2 500
65岁遗属福利与退休养老金	838.94	1 092.50
遗属养老金与伤残福利	1 025.61	1 290.81

三、附加福利

1. 养老金分享

夫妻共同分享养老金可以合理避税。参保人可以与配偶或合法同居者分享退休养老金，前提条件是必须已经领取或符合领取退休养老金的条件，且两人生活在一起。养老金分享的两个途径是：(1) 夫妻双方有一人参加加拿大养老金计划，另一人未参加，可以

---

① 数据来源：http://www.esdc.gc.ca/en/cpp/benefit_amount.page.

两人分享一人的养老金；(2) 夫妻二人都参保，可以两人分享两人养老金的总额。

2. 缴费分割

加拿大养老金计划中的缴费分割是指夫妻二人共同生活期间缴纳的养老保险费在离婚时可以均等的分割。这里所说的养老保险费可以是一人缴纳的养老保险费，也可以是两人缴纳养老保险费之和，经过缴费分割，可能会使没有缴费的一方获得享受加拿大养老金计划待遇的资格。

缴费分割取决于夫妻双方结婚或生活在一起的时间与离婚时间，不能进行缴费分割的情形是：(1) 待分割的缴费对应的缴费基数没有达到最低缴费基数的两倍；(2) 夫妻双方中的一方没有达到18岁或超过了70岁；(3) 夫妻双方中的一方已经开始领取加拿大养老金计划下的福利待遇；(4) 夫妻双方中的一方正在申领或已经领取伤残福利。

如果夫妻双方离婚时间在1987年1月1日之后，双方连续生活超过12个月，有申请缴费分割的资格；如果夫妻双方离婚时间在1978年1月1日至1986年12月31日之间，双方连续生活36个月，在离婚后36个月之内可以申请缴费分割；如果夫妻双方离婚发生在1978年1月1日之前，不具备缴费分割的资格。

3. 抚养子女津贴

抚养子女意味着减少工作时间或不工作，当参保人停止工作或收入很低不足以抚养子女时，可以申领抚养子女津贴以增加养老待遇；申领抚养子女津贴期间可视为合理扣除缴费年限。申领抚养子女津贴的条件是：(1) 子女出生在1958年12月31日之后；(2) 因停止工作或减少工作时间,以及照顾 7 岁以下子女等原因造成收入减少;(3)配偶或合法同居者正在接受家庭福利,有资格享受加拿大儿童税收福利;(4)夫妻双方只能一方申领,不能同时申领。

四、制度管理

加拿大税务部门负责征收养老保险费。人力资源和开发部采用现收现付制的模式管理加拿大养老金计划。财政部在精算报告的基础上调整养老金待遇。由于加拿大养老金计划的替代率很低,出现大量结余基金。1998 年,加拿大成立了养老金计划投资委员会,协助联邦和省政府将基金结余进行投资。养老金计划投资委员会主要选择固定收益投资和可变收益投资在内的投资组合。固定收益投资包括联邦政府公债、省级政府公债和资质较好企业发行的债券;可变收益投资主要是国内及国外的股票、基础设施投资、固定资产投资等。2006—2015 年,加拿大养老金计划结余基金平均年收益率达到 7.3%。

第四节 加拿大补充养老保险计划

一、注册养老金计划

加拿大补充及私营养老金计划又称为注册养老金计划,是雇主为雇员提供的职业福利。注册养老金计划由雇主和雇员双方共同缴费,商业保险公司或其他有资质的金融机构运营,作为退休后养老金收入的补充,类似于中国的企业年金制度。

以加拿大政府公务员注册养老金计划为例,个人缴纳工资的 7.5%,雇主 1∶1 配套缴费,并拿出相应的储备基金以确保公务员退休后注册养老金计划的养老金支付。支付标准为雇主最佳 5 年的平均年薪×缴费年限×2%。申领这种养老金的条件是：（1）申领人年满 60 岁；（2）在政府部门全职或兼职工作满 2 年；（3）满 55 岁且在政府部门工作满 30 年；（4）缴费满 2 年且在 50 岁之前离开政府部门，可以在 60 岁后申领；（5）缴费满 2 年，因伤残终止工作，可以在 60 岁后申领。与加拿大养老金计划类似，注册养老金计划缴费人死亡后，配偶和未成年子女可以申领相当于应发水平 50%～80% 的养老金。

二、注册退休储蓄计划

注册退休储蓄计划是个人根据收入状况和投资倾向，自愿向银行或金融机构购买的储蓄养老金。资金全部来自个人投资，投资上限为本人工资收入的 18%，缴费部分免除个人所得税。注册退休储蓄计划的参保人缴费年龄不能高于 70 岁；待达到退休年龄后，个人可以决定一次性领取还是以年金形式领取，领取的注册退休储蓄计划养老金需要缴纳个人所得税。

注册退休储蓄计划对个人而言，缴费期间免税，退休后增加收入，是收入在生命周期内的合理分配；对政府而言，一方面保障了人年老后的生活水平，另一方面大量的储蓄资金是资本市场的重要力量。

第三章
加拿大医疗保障体系

医疗保障体系是现代经济社会发展的重要保障。1947 年之前，加拿大施行的是私营医疗保险计划；1947—1983 年，加拿大省级政府层面探索广覆盖、低收费的医疗保障计划；1984 年，加拿大联邦政府通过了《加拿大健康法案》，开启了全民免费医疗制度建设的征程。经过 30 多年的改革发展，加拿大医疗保障体系已经成为世界上最先进的医疗卫生服务供给计划之一，建立起了医疗面前人人平等的体制，确保医疗卫生服务的全民可及性。

第一节　加拿大医疗保障体系构成

加拿大全民医疗保障体系萌芽于第二次世界大战之后。1947 年，萨斯喀彻温省率先出台了加拿大第一个全省医院保险计划。从此，其他各省纷纷效仿开始改革，从部分免费到全部免费，从少数人受益到全体受益。1966 年，加拿大省级层面的全民医疗保障体系基本建立。1984 年，加拿大联邦政府颁布《加拿大健康法案》，加拿大医疗保障体系运行原则与指导思想正式确立，成为现代加拿大医疗保障体系变革、运作的最高指导。

《加拿大健康法案》（Canada Health Act）是以公共财政为主要

支持手段的加拿大医疗卫生体系的法律保障。该法案旨在帮助加拿大所有省份和地区的公民，无差别享受必要的医疗和医生服务，免费享受相关基础健康服务。规定卫生保健政策的首要目标是消除医疗体系中的经济及其他障碍，保护、提升、恢复加拿大公民身心健康，促进健康资源的合理分配。该法案还建立了省和地区政府通过加拿大健康转移计划（CHT）接受联邦政府财政转移的标准和条件，督促省和地区政府提供必要的基本健康服务和扩展健康保健服务，提出如下原则和要求：

1. 公共管理原则

省和地区医疗保险计划必须由非营利性的公共权威部门进行管理。该部门负责执行省和地区部门对医疗服务计划服务水平和服务内容的决定，接受审计和监督。但是公共管理原则并不阻止公共权威部门将必要医疗保险计划管理工作外包出去。如果有人对基础健康服务项目提出诉求，公共管理原则并不排斥私人部门提供相关服务。

2. 全面性原则

《加拿大健康法案》要求各省和地区的医疗保险计划必须覆盖所有基础的医疗服务，包括由医院、医生或者牙医提供的相关服务。

3. 统一性原则

统一性原则要求加拿大所有公民都在统一的标准和条件下享受均等的医疗健康服务；居住在本省和地区的公民需要到当地有关部门进行注册，以享受有关的医疗健康服务。

4. 便携性原则

加拿大公民从一个省份或地区迁徙到另一个省份或地区时，需要告知迁出地的医疗保险部门，并且前往迁入的省份或地区进行注册。便携性原则不允许公民前往其他省份、地区或者国家进行基础医疗服务，但是允许公民在度假、出差等时候因紧急需要而在当地进行相关的基础医疗服务。公民因事短暂离开所在省份、地区或者加拿大，不会取消其在医疗保险计划中的账户。如果投保人去了另一个省份或地区，便携性原则要求迁出地的医保部门按照迁入地区的医疗价格向投保人付费。如果投保人出国，投保人只会被以加拿大本国的缴费账单情况计算付费。便携性原则还要求当投保人短暂离开所在地区而当地医疗保险覆盖内容有所扩充时，投保人有权在离开前预先向医保部门索要新的健康服务项目清单。

5. 可及性原则

可及性原则要求投保人不受经济或其他任何条件限制，合理平等地享受医院、医生以及牙科的相关服务。

6. 限制自费原则

《加拿大健康法案》限制患者自掏腰包为医疗服务付费，规定患者付费只有两种情况：一是在医疗服务项目不属于基本医疗服务的；二是超过规定的服务项目的，比如处方药。[①]

7. 两个报告原则

两个报告原则要求省和地区政府必须向联邦政府报告每年患者付费及额外预算的估算和估算说明，报告辖区的保障标准和医疗保险计划运行相关情况。

---

① 于洪. 加拿大社会保障制度 [M]. 上海：上海人民出版社，2011.

《加拿大健康法案》为各省和地区建立公共卫生保健制度提供了原则性指导。法案颁布后,加拿大很快建立了覆盖全国的免费公共卫生保健计划。该计划主要由联邦政府通过加拿大健康转移计划(CHT)向省和地区政府进行财政拨款,省和地区根据法案基本原则与要求,建立本辖区的公共卫生保健计划,然后向联邦政府申请拨款。各地区公共卫生保健计划覆盖内容不完全相同,但都包括社区医疗服务、住院服务、护理服务、放疗以及理疗服务等基础性的医疗保健服务。免费公共卫生保健计划确立了转诊制度,公民有健康服务需要时首先接受初级卫生保健服务,必要时才会被转入中级卫生保健服务程序。

公共卫生保健计划只是提供基础的医疗卫生服务,如果公民想要享受更多的服务,则需向商业保险公司购买私人医疗保险或自付费用。各商业保险公司提供的私人医疗保险各不相同,但是就购买者而言,主要可分为两种:一种是私人为自己或者家庭购买,另一种是雇主为员工购买。两种方式又可根据保险内容与保费分为许多类别,投保人可根据自身情况投保适合自己的商业医疗保险。

在商业医疗保险中,比较特殊的是长期护理保险。长期护理保险根据投保者年龄、健康程度、投保时间、投保内容等不同,其保费各不相同,补偿的方法分为实报实销和收入补贴两种。长期护理保险制度为因各种原因导致的失能、半失能人群提供了庇护的港湾。

为保护特殊群体的利益,加拿大政府还为特殊人群,如儿童、低收入者、老人、残疾人等,提供医疗救助。医疗救助的内容包括免费提供处方药、口腔保健、视力保健、医疗设备等在内的医疗服务和设施。

第二节　加拿大公共卫生保健计划

加拿大公共卫生保健计划是根据联邦政府《加拿大健康法案》规定，由13个省级行政区制定具体实施法案和组织实施。该计划为加拿大全体居民提供免费的基础医疗服务，如社区医疗服务、住院服务、医院提供的护理、检查和诊断、放疗和理疗服务等项目，但不包括自行购买药品的费用。

一、基本内容

加拿大公共卫生保健计划是不同省（地区）健康保障制度的链接器，为加拿大人提供了广泛的健康服务，具体包括：

1. 初级卫生保健服务

当加拿大公民需要卫生保健服务时，他们很可能首先去寻找初级卫生保健服务。初级卫生保健服务是卫生保健制度的第一层服务，扮演双重职能。首先，它提供了卫生保健服务的首诊服务；其次，当病人需要特殊的医疗服务时，为确保医疗的连续性，它提供多层次卫生保健服务的内部衔接工作。

加拿大初级卫生保健服务正变得越来越全面。它包括常见疾病及伤害的预防和治疗、基础紧急服务、推荐和协调其他水平的护理、初步精神治疗、临终关怀照料、健康保养、健康养胎、孕妇生产服务以及康复服务等。

初级卫生保健服务中的私人医生一般会根据病人使用的医疗服务进行逐项收费。每个省、地区政府会与专业的医疗机构人员就这些服务的收费进行谈判，以达成一致意见。其他地方，如诊所、社区健康中心和组织等，多数则是另一项收费制度，比如参照工资或者混合收费制。当病情有紧急需要时，患者会被转诊到上一层医疗机构以接受进一步的诊断和治疗，如仪器检查、专家检查、专业护理、专家会诊等。

2. 中级卫生保健服务

在初级卫生保健服务中，患者有可能被转入中级卫生保健服务系统中，以在医院、长期照料机构或者社区中接受更加专业的卫生保健服务。多数加拿大医院都是由社区理事会建立运营的，社区理事会是省或地区政府建立的区域性健康志愿组织。通过与政府卫生部门或者区域性卫生机构进行谈判，医院将通过年度预算获得其所需资金。尽管年度预算资金是加拿大医院的基本资金拨款方式，但是许多省份正在试验新的资助办法。

中级卫生保健服务可能会在家中、社区或者专门机构（多数是长期护理机构）提供。医生、医院、社区组织、家人或者患者自己都有资格提出申请将患者推荐到家中、社区或者专门的机构。当提出申请后，专业的医疗部门会对患者的卫生保健服务需求进行评估，然后根据患者病情，协调有关部门，安排后续治疗事宜，并由一系列的正式、非正式或者志愿的照护者提供治疗服务。

在大部分地区，《加拿大健康法案》并不覆盖家庭和继续照顾服务，但所有的省份和地区都会免费提供一些特定的家庭和继续照顾服务。根据服务内容不同，监管方式也呈现多种形式。当省或地区没有提供相关的医疗服务时，退伍军人可以享受到来自加拿大退役事务部门的家庭照护服务。除此以外，联邦政府还在种族保护区为印第安人提供家庭照护服务；在特定社区，也为因纽特人提供这项服务。

根据情况不同，临终关怀者被安排在医院、长期护理照料机构、救济院、社区或者家中。临终关怀服务关注濒临死亡的病人与其家人，为病人提供必要的医疗和精神支持，减轻其痛苦；为家人提供精神安慰，减少家人去世带来的伤害。

3. 补充卫生保健服务

针对儿童、低收入者、老人等特殊群体，加拿大医疗保障体系向他们提供更多的卫生保健福利，包括医院外的处方药、口腔保健、视力保健、医疗设备和设施（假肢、轮椅等），以及诸如物理治疗等其他专业健康服务。大多数普通居民不在加拿大政府补充服务覆盖范围内，他们通过个人现金购买或者通过个人卫生健康保险计划购买这些健康服务，或者通过其雇主，购买个人健康保险，从而享受不同水平的健康服务。

二、政府职责

加拿大公共卫生保健计划依据加拿大宪法制定，宪法划分了联邦、省（地区）政府的权力和职能，并要求省（地区）政府在实施公共卫生保健和其他社会服务时承担更多的责任。公共卫生保健计划是由加拿大公共财政支撑，联邦政府、省（地区）政府征收的个人所得税、消费税、企业经营所得税等是其主要资金来源。有些省可能还会要求公民为公共卫生保健计划支付专门的保费，但是如果辖区内公民没有支付这笔费用，也不会完全禁止他享受必要的医疗保健服务。

1. 联邦政府

联邦政府的职责包括以《加拿大健康法案》为准绳建立和管理国家卫生体制，在财政上支持省（地区）卫生保健计划的运作，并且还包括直接向保护区印第安人、因纽特人、部队服务人员、皇家骑警、退伍军人以及联邦监狱里的犯人和难民等在内的特定人群提供初级和额外卫生保健服务。

《加拿大健康法案》规定了享受卫生保健计划待遇的标准与条件。省（地区）政府以此为标准向联邦政府申请财政支持。《加拿大健康法案》削减了超额订单和需要使用者付费的金额和项目。超额订单是指那些超出政府健康保险计划资助数额的医疗服务账单；使用者付费是指那些不能够由公共卫生保健计划付费的情况。联邦政府通过健康转移项目向省和地区政府提供现金与税收转移支持。联邦政府也会适当考虑贫富差距，向经济落后地区进行倾斜。

联邦政府向没有省（地区）政府供应卫生保健服务的印度安人提供包括基础医疗、紧急服务在内的医疗保障。同时，联邦政府还向原住居民和因纽特人提供社区健康项目和健康福利，如药品、牙医服务、简单健康服务等。一般而言，这些卫生保健服务是在医院、健康中心、诊所以及社区中提供。近年来，越来越多的土著居民组织和政府合作，完善省（地区）政府提供的健康服务系统，并越来越多地分布于保护区和因纽特人居住区。

联邦政府有义务提高健康保护、完善健康条例、保障消费者安全、加强疾病防护等。在健康保护与研究上，联邦政府每年投入大量的经费和人力。联邦政府也管理着与医疗相关的税收措施，如决定医疗费用、丧失劳动能力、护理和体弱者的免税额，公共机构的卫生服务扣税额，以及自雇私人医疗保险费的减税额。

2. 省（地区）政府

省（地区）政府的责任主要是为有需要的居民搭建可获得必要

医疗和医生服务的平台；省（地区）政府的卫生部门负责贯彻国家卫生法令和政策，管理本省（地区）的医疗保健和卫生事务，用联邦政府的拨款和税收转移支付承担医疗项目的费用。省（地区）政府在公共卫生保健计划中承担五项职责：（1）管理其健康保险项目；（2）计划和资助医院及其他卫生服务；（3）负责支付由医生或者其他专业健康组织供给健康服务的费用；（4）筹划和执行保护公众健康的活动和组织；（5）省（地区）政府与卫生专业人员就出诊治疗等进行价格谈判。

大部分省（地区）政府为特定人群提供补充性的医疗津贴。如为老人和低收入居民提供不包含在公共卫生保健计划中的非住院处方药、急救开销和助听、视力保护和牙科护理等费用补助。每个省和地区也都会有独立的就业补偿机构，他们由就业者缴费，当就业者在工作中受伤时，该机构会提供资金进行必要的医疗服务。其他群体不在公共财政资金覆盖范围内的个人和家庭医疗保健服务将通过他们购买的私人医疗保险或者商业保险获得资金支持。

加拿大公共卫生保健计划已创建四十余年，并随着社会经济的发展，不断改革完善保障范围和待遇水平，但其所坚持的基本原则却一直没有变化，即满足居民的基本医疗需求，提供全覆盖的基础医疗服务，而不是根据人们的付费能力，提供差异化的医疗卫生服务，体现了加拿大医疗保障制度的公平正义特征。

第三节　加拿大私人医疗保险计划

加拿大私人医疗保险计划，又称加拿大延伸医疗保险，是由商业保险公司提供并针对政府公共卫生保健计划不包括的医疗服务项目而设立的，如处方药、牙齿治疗费用、物理治疗、按摩治疗等。根据购买人群不同，私人医疗保险计划分为个人延伸私人保险和团体延伸私人保险。个人延伸私人保险是受保人个人购买并享受的医疗服务计划；团体延伸私人保险是由雇主购买、雇员享受的医疗服务计划。作为企业提供给雇员的福利之一，团体延伸私人保险覆盖了多数加拿大雇员，没有或者不能享受团体延伸保险的公民可以自愿决定是否自己购买个人延伸保险。

为鼓励私人医疗保险的发展，加拿大政府规定雇主为雇员购买私人医疗保险可以享受税款优惠，即雇主为雇员购买私人保险的支出部分可以作为雇员的收入，但不缴纳个人所得税。同时，自雇和非股份有限公司雇主为自己和家人购买的个人延伸医疗保险的费用也可以享受减免税赋的权利。本章以加拿大三大保险公司之一的GMS公司（Group Medical Services Insurance Inc）为例，介绍团体延伸私人保险与个人延伸私人保险。

一、团体延伸私人保险

GMS公司团体延伸私人保险根据保费与公司受保人员多少分为优势（Advantage）团体计划（3～25人）和被保险人（Insured）团体计划（26人及以上）。优势（Advantage）团体计划根据受雇人数多少又分为银色计划、金色计划、白色计划和钻石计划，档次越高提供的受保范围和金额也就越大。被保险人（Insured）团体计划则需要申请者填写预申请表，然后保险公司进行评估，提出保费价格。

1. GMS公司优势（Advantage）团体计划

GMS公司优势（Advantage）团体计划中的银色计划覆盖最低

成本的健康、视力检查和处方药；金色计划覆盖高达 500 万加元的跨省区治疗保险；白色计划覆盖 5 000 加元的健康和视力检查费用以及 500 万加元的跨省区治疗保险；钻石计划覆盖所有的医疗保障项目，包括无限制的处方药和健康、私人护理以及境外医牙等，见表 3—1。

表 3—1　　GMS 公司优势（Advantage）团体计划的四种类型[①]

类型	银色计划	金色计划	白色计划	钻石计划
覆盖人数	3 人及以上	3 人及以上	6 人及以上	10 人及以上
处方药	报销 70%，最高 500 加元	报销 80%，最高 1 500 加元	报销 100%，最高 5 000 加元	无限制
视力治疗	两年 60 加元	两年 150 加元	两年 300 加元	两年 300 加元
跨区治疗	无	30 天，最高 500 万加元，不限制次数	30 天，最高 500 万加元，不限制次数	30 天，最高 500 万加元，不限制次数

加拿大居民特别重视牙齿的护养。在优势（Advantage）团体计划中，不同级别的计划都覆盖了一定程度的牙医服务。级别越高的项目，覆盖程度越高。银色计划覆盖基本的牙齿预防性护理、X 光、修理牙龈等常规性检查；金色计划覆盖了主要的手术，比如拔牙、补牙等；白色计划提供牙齿矫正服务、主要手术以及基础服务，具体覆盖内容见表 3—2。

表 3—2　　GMS 公司优势（Advantage）团体计划牙医服务覆盖情况

类型	银色计划	金色计划	白色计划
覆盖人数	3 人及以上	3 人及以上	6 人及以上
基本服务	80% 覆盖	100% 覆盖	100% 覆盖
主要手术	无	50% 覆盖	80% 覆盖
牙齿矫正	无	无	50% 覆盖，一生累计不超过 1 500 加元

---

① 资料来源：http://www.healthchinese.ca/extended/GMS_group/advantage_compare.html.

2. GMS 公司被保险人（Insured）团体计划

GMS 公司被保险人（Insured）团体计划是专门针对 26 人及以上参保公司而设计的医疗保险计划。在这项保险计划中，保险项目、覆盖范围以及最大报销额度都可以量身定做。当投保公司向 GMS 公司提供拟投保项目、员工人口信息、健康信息、收入以及雇佣日期、工作年限、索赔历史等信息后，GMS 公司会进行精算估价，并给出一套差异化的方案。

二、个人延伸私人保险

个人延伸私人保险是为投保人或者投保家庭提供健康、牙医、处方药以及跨区医疗服务的保险计划。GMS 公司提供的个人延伸私人保险服务覆盖加拿大八个省份。个人延伸私人保险分为基本计划、扩展计划和全方位计划。从基本计划到全方位计划，所保内容和金额均有所增加。基本计划提供政府公共卫生保健医疗服务外的一般服务，比如救护车服务、住院房间优先选择以及住院药物等基本服务；扩展计划提供全面的保险福利，包括急诊、眼科检查、医疗用品和设备，以及各种各样的健康专家；全方位计划提供更高级的健康保险选择，提供广泛的健康福利，包括按摩、视力保健、物理疗法、优先选择医院房间等在内的 26 项医疗福利。除以上三个计划以外，为进一步加强私人医疗保险的保障能力，GMS 公司还提供对处方药、牙科治疗、医院报销以及异地治疗的加强版保障。投保人可以根据自身情况进行购买。

第四节　加拿大长期护理保险计划

当加拿大公民开始关心退休后身体恶化时的照护服务时，认为退休收入不一定能够足额支付照护服务所需费用，而政府的医疗项目又不能完全满足其需要；或者加拿大公民正在寻找适合的投资方式和投资水平以防各种事故导致长期照料带来的财产损失风险时，就需要长期护理保险计划。加拿大政府并没有为公民制定统一的长期护理保险计划，长期护理保险主要由各商业保险公司提供，居民自由购买。加拿大长期护理保险主要有两种形式：一种是对保险认可的开销实报实销，以购买的保额为上限；另一种是收入补贴式，一旦需要护理，按期发放给投保人，无须证明投保人实际开销是多少。长期护理保险保障的服务一般包括护士护理、康复与治疗、个人护理、家务服务等，提供的场所既可以在家中，也可以在社区和长期护理机构，主要取决于具体的保单规定。

鉴于各商业保险机构提供长期护理保险计划的内容区分度不高，本章以加拿大永明保险公司提供的长期护理保险计划为例，详细介绍。

永明保险公司是加拿大著名的商业保险公司之一，它提供的长期护理保险是一种收入补贴型保险，可以跨国享受。随着年龄增长，或者因为疾病或心理能力恶化，申请者失去自理能力，该项保险为投保人提供资金支持，而不需要投保人提供发票等相关凭证；当投保人居住在加拿大，或者旅居美国不超过8个星期时，都能够持续享受福利。

长期护理保险为投保人保护财产提供了更多选择机会。长期护理保险可以帮助投保人在家中享受照料服务，而不用搬去护理机构；减轻照护者的负担，增强家庭的财政支持能力；管理在未来任何时候发生的照料和支出风险，当风险发生，需要家庭成员或者其他人对当事人进行持续照料时，长期护理保险主要提供财务支持。

一、缴费标准

长期护理保险制度缴费取决于以下因素：（1）年龄和健康程度。一般来说，年龄越小、身体越健康的人，参加长期护理保险，缴纳费用越低。（2）根据最长福利享受时间来定。目前永明保险公司福利享受时间可以分为五档，分别为100周、150周、250周和无限制，保障时间越长，缴纳费用越高。（3）等待时间。等待时间开始于投保人第一次被认定身体不能自理的时候，是进行理赔前投保人持续不能自理时间。永明保险公司提供了90天与180天两种等待时间供投保人选择，等待阶段越短，投保费用越高。需要指出的是，所有的长期护理保险计划都设置了30~180天不等的等待时间。

二、申领条件

1.年龄要求

投保人需要年满21周岁，且不能超过80周岁。

2.身体要求

当出现以下三种情况时，投保人可以申请长期护理保险补偿金：（1）心理能力退化者，需要监护人持续监护。当出现短期或者长期失忆、不认识和他相关的人、地点和时间，失去判别危险的能力等因大脑出现混乱（比如阿尔茨海默病、不可逆转的痴呆护着脑损伤）造成的症状时，投保人会被界定为心理能力退化，需要监护人不间断监护，以保护投保人的安全不受威胁。（2）至少两项基本生活能力存在困难，需要人或器具辅助。包括借助辅助设施在浴室洗澡；借助辅助工具穿衣脱衣；借助辅助工具进入或者离开卫生间，完成如厕过程；借助辅助工具上下床，离开椅子或者轮椅；不

能控制膀胱或者肠道功能，不能控制大小便；不能自主吃饭，需要借助辅助工具喂食。（3）完成洗浴或者移动时需要人看护。当完成洗浴或者移动动作时，仅其中一项需要人看护，投保人会被界定为完成其他日常活动也需要持续的护理服务。

三、待遇水平

1. 现金福利

最少每周 150 加元，最多每周 2 300 加元。

2. 附加福利

（1）临终关怀服务。无论选择哪种等待时间，当出现四项以上基本生活技能持续困难，被诊断为晚期癌症，或者被专业医生诊断为严重疾病，正在接受临终关怀服务等情况时，等待阶段时间缩短为 30 天。

（2）首次支付金福利。当投保人第一次领取赔偿金时，他可以一次性领取等于 12 周的赔偿金。首次支付金福利不影响投保人原有的领取时间长短。当投保人正在接受临终关怀服务，且已经经过 30 天的等待阶段，那么他有资格获取每周 4 倍的福利。

（3）配偶保费豁免。夫妻双方都缴纳长期护理保险时，当夫妻双方一人离世或者其中一方正享受公司的保险福利时，另一方的保费可以豁免。条件是协议生效至少 10 年，或者夫妻双方都年满 86 周岁，且夫妻任何一方都没有提起过索赔。

（4）扩充保险。当长期护理保险支付期已满，投保人仍然可以享受扩充保险的保护。享受的时间长度根据协议规定而有所变化。每周付的金额、等待阶段以及福利阶段都不会改变。

3. 可选福利

永明保险公司提供的长期护理保险计划中，有两项需要额外收费的福利可供选择以增强原本的福利计划：

（1）通货膨胀规避。为规避通货膨胀带来的风险，投保人可以选择当开始领取待遇时，在每个政策周期周福利增长3%；在开始领取待遇之前，每个政策周期周福利增强2%；当开始领取待遇之后，周福利每个政策周期增长3%。

（2）死亡保费退还。对21～65岁的投保人，在保障期内如果投保人死亡，将会把赔偿金支付给指定受益人；如果没有指定受益人，将会直接退还到投保者本人账户，或者退还到他们的房产中去，由法定继承人支配。

第四章
加拿大就业保险计划

最早的失业保险制度由法国于1905年创立,之后欧洲各国纷纷开始建立失业保险制度。1919年,加拿大政府通过建立特别委员会调查全国劳动状况后,提出制定全国性、强制性失业保险法的建议。1935年,威廉·莱昂·麦肯齐·金(William Lyon Mackenzie King)担任加拿大总理后,于1937年组建省级自治皇家委员会(Royal Commission Dominion-Provincial Relation)并在1940年提出建议,在全国范围内建立失业保险制度,建议由联邦政府负责统筹管理,并通过税收渠道平等补偿相对贫困的省份。在这一背景下,1940年加拿大颁布了《失业保险法案》,并于1942年开始正式在全国统一实施。

20世纪七八十年代,受到石油危机和通货膨胀的强烈冲击,加拿大原有的失业保险制度面临重重考验;特别是到了20世纪90年代,加拿大失业率不断攀升,失业时长不断增长,劳动参与率大幅下降,失业保险基金连年处于赤字状态,社会矛盾空前激化。为了解决这种消极的失业救济政策所带来的一系列社会问题,加拿大政府开始对原失业保险制度体系进行彻底的调整和修改,并于1996年正式颁布《就业保险法案》,替代了原来的《失业保险法案》。这次改革就此拉开了加拿大由失业保险向就业保险转变的序幕,标志着加拿大劳动就业政策的重心开始由消极救助型向积极的抑制失业和促进再就业的方向发展。

加拿大就业保险计划的目的不仅在于通过建立失业保险基金使失业者在失业期间能够获得必要的经济帮助以维持基本生活,更在于通过职业培训、职业介绍等手段促进失业人员的再就业,减少对失业补助的惯性依赖,为经济社会发展注入活力。

第一节 加拿大就业保险计划的基本功能

一、保障失业人员的基本生活

提供必要的经济支持以保障失业人员的基本生活是加拿大就业保险计划的基本功能之一。就业保险作为提供收入保障、消除贫困的一项基本社会政策,溯其源头是失业保险制度;失业保险的基本目标就是使原来有工资收入的劳动者在暂时失业期间能够获得基本的物质生活保障。因此加拿大就业保险计划的首要功能就是通过收入补偿支持来满足失业人员的基本生活需求。

与传统的失业保险制度相比,加拿大的就业保险计划通过以下改革措施,强化了保障失业人员基本生活的功能:

(1) 实施强制保险。这是加拿大在颁布《就业保险法案》之初就明确的目标。加拿大联邦政府通过严格的立法程序规定在就业保险制度覆盖范围内的企业和个人都必须参保并履行相应的缴费义务。这一规定从源头上为劳动者在未来可能的失业期间所需权益的获得,提供了立法保障。

(2) 扩大覆盖范围。《就业保险法案》规定,凡是年龄在 65 岁以下有工作能力的、正在寻找工作的、当期没有工资收入的曾经受雇者都可以依照相应程序申请失业保险金。无论失业人员曾经从事的工作是全职还是兼职、长期还是临时，只要参加过就业保险并履行相应的缴费义务，都有权利享受就业待遇。

（3）将就业保险金划分为常规失业补助和特殊失业补助。常规失业补助主要针对那些由于非个人原因离职，能够工作却暂时找不到工作的失业人员；特殊失业补助则针对特殊人群，比如疾病补助、怀孕补助、育儿补助和渔民补助等，这些补助根据保障对象的特殊风险设置资格条件和给付标准。

就业保险计划通过强制性原则，将加拿大公民广泛纳入就业保险计划保障范围之下，并通过多样的失业补助形式，使不同人群都能够根据各自需求获得相应的收入支持，以更好地满足其基本生活。

二、帮助失业人员实现再就业

通过职业培训和职业介绍帮助失业人员再就业，是加拿大就业保险计划区别于原有失业保险制度的关键特征。就业保险计划的目的是实现失业人员再就业，原来单一的对失业人员进行收入支持的方式只是就业保险计划的手段而不是最终目标。

加拿大的《就业保险法案》是原来《失业保险法案》和《国民训练法案》的综合，即将职业培训、职业介绍、协助失业者适应经济变动以实现主动就业等计划引入失业保险的制度体系下，以弥补失业保险政策中一味消极提供收入支持的不足。在就业保险计划之下，就业保险金的领取必须以失业者积极参加职业培训和寻找工作为前提，失业者在领取就业保险金期间需要每两周提交一份就业保险报告，如实填写在此期间参加的职业培训状况或寻找工作情况。

此外，就业保险计划通过引入强度递减规则，即降低第二次常规补助5~50个百分点的方式，力图减少频繁申请就业保险金的人群数量；同时规定，申请人上一次领取就业保险金的时间越长，所得到的就业保险金也会相应减少。每领20周就业保险金，下次的就业给付就相应降低1%直到最低工资的50%为止。

加拿大就业保险计划规定，失业者在领取就业保险金期间还可以做一些兼职工作，直到兼职收入超过就业保险金的25%，失业者需将超出部分按照就业保险金的领取渠道如数返还，但是政府会相应地减少该失业者领取就业保险金的历史记录。若是因为拒绝参加职业培训或是职业介绍，则其领取就业保险金的资格会被撤销7~12周。同时，政府的就业保险基金除了日常用于支付失业补偿金外，更大一部分用于促进再就业，如专项工资拨款、技能发展计划、就业援助服务等。

加拿大就业保险计划通过严格的就业保险金申请条件和收紧的给付标准，从源头上减少失业人员对保险金的惯性依赖，并通过对劳动市场供给侧项目的补充，积极帮助失业人员实现再就业，使得就业保险计划的功能得到进一步加强和提高。

第二节　加拿大就业保险计划的主要内容

近年来，加拿大政府不断完善《就业保险法案》，开展了多项就业保险计划改革：（1）严格区分频繁申请者和非频繁申请者；（2）将覆盖范围扩大至公共部门及其雇员；（3）将就业保险金的资格标准由原来的以周计数变为以小时计数；（4）延长申领就业保险金的最低工作时长，降低保险金给付标准，缩短领取就业保险金的最长期限；（5）政策重心转变为积极多维的再就业支持。本章依据《就业保险法案》，将加拿大现行的就业保险计划分为就业保险金和劳动力市场政策两个方面介绍。

一、就业保险金

1. 基金筹集

加拿大现行的就业保险基金筹集实行的是政府、雇主、雇员三方共同负担的形式，基金来源于雇主和雇员缴纳的就业保险费以及政府的财政拨付。其中雇员按本人工资的2.7%缴费，雇主缴纳雇员费率的1.4倍，即3.78%；自由职业者如参保，按本人收入的5.4%缴费。在就业保险金的给付标准上，加拿大采用收入关联待遇的方式，按照失业者失业前的工资水平，结合所在省（地区）失业率综合确定待遇水平。

2. 常规失业补助

常规失业补助适用于参保劳动者因为失去工作而出现收入中断时申领，申请人要满足的条件有：（1）申请人为非自愿性失业，有能力工作但目前处于失业状态；（2）申请人必须失去工作并且收入中断7天以上；（3）在申请前的52周之内工作满420～700小时，具体时间见表4—1。满足这些条件后，可以立即申领常规失业补助，如果从失业之日算起的4周之内仍未提出申请，将会失去申领就业保险金的资格。

加拿大的常规失业补助发放之前，需要经历两周的等待期，等待期结束后立即发放补助。据最新出台政策，加拿大政府预计将从2017年1月1日起将等待期由两周缩减为一周。常规失业补助的给付标准，一般能够达到失业者原每周平均工资水平的55%。2016年

表 4—1　　失业前 52 周内在保时间要求与失业率对照表①

所在省（地区）失业率（%）	在保时间最低要求（小时）
≤6	700
6.1～7	665
7.1～8	630
8.1～9	595
9.1～10	560
10.1～11	525
11.1～12	490
12.1～13	455
>13	420

1 月的统计数据表明，失业人员一年能够获得的就业保险金额最高可达到 50 800 加元，也就是每周最多可得到 537 加元的保险金。

常规失业补助的给付期限主要取决于失业人员所在地区的失业率以及失业者在资格获取期内的工作小时数，一般 14～45 周不等，具体领取时间见表 4—2。此外，2016 年 7 月起，在政府确定的 15 个经济低迷地区，对于那些在 2015 年 1 月 4 日之后申领常规失业补助的参保人，常规失业补助可延长 5 周，最多为 50 周；对于那些长期供职于一种行业或一所企业的失业人员可延长 20 周，最多为 70 周。

此外，常规失业补助的对象还要有低收入特征，以彰显社会保障制度的公平性。加拿大就业保险计划规定，对在过去的一年中收入超过 39 000 加元的失业人员不提供常规失业补助；对领取常规失业补助者年收入超过 48 750 加元的，需要退回常规失业补助。失业者在领取常规失业补助期满后仍未找到工作的，可以领取社会福利中的失业救济津贴，但领取失业救济津贴的失业人员信誉记录会被

---

① 数据来源：http://www.esdc.gc.ca/en/ei/regular_benefit/eligibility.page.

降低，以避免失业者对就业保险金和失业救济津贴的过分依赖。

表4—2　　　　　　　不同条件下常规失业补助发放期限[①]　　　　单位：周

失业前52周在保时长（小时）	失业率（%）										
	≤6	6.1~7	7.1~8	8.1~9	9.1~10	10.1~11	11.1~12	12.1~13	13.1~14	14.1~15	15.1~16	>16
420~454	0	0	0	0	0	0	0	0	26	28	30	32
455~489	0	0	0	0	0	0	0	24	26	28	30	32
490~524	0	0	0	0	0	0	23	25	27	29	31	33
525~559	0	0	0	0	0	21	23	25	27	29	31	33
560~594	0	0	0	0	20	22	24	26	28	30	32	34
595~629	0	0	0	18	20	22	24	26	28	30	32	34
630~664	0	0	17	19	21	23	25	27	29	31	33	35
665~699	0	15	17	19	21	23	25	27	29	31	33	35
700~734	14	16	18	20	22	24	26	28	30	32	34	36
735~769	14	16	18	20	22	24	26	28	30	32	34	36
770~804	15	17	19	21	23	25	27	29	31	33	35	37
805~839	15	17	19	21	23	25	27	29	31	33	35	37
840~874	16	18	20	22	24	26	28	30	32	34	36	38
875~909	16	18	20	22	24	26	28	30	32	34	36	38
910~944	17	19	21	23	25	27	29	31	33	35	37	39
945~979	17	19	21	23	25	27	29	31	33	35	37	39
980~1 014	18	20	22	24	26	28	30	32	34	36	38	40
1 015~1 049	18	20	22	24	26	28	30	32	34	36	38	40
1 050~1 084	19	21	23	25	27	29	31	33	35	37	39	41
1 085~1 119	19	21	23	25	27	29	31	33	35	37	39	41
1 120~1 154	20	22	24	26	28	30	32	34	36	38	40	42
1 155~1 189	20	22	24	26	28	30	32	34	36	38	40	42
1 190~1 224	21	23	25	27	29	31	33	35	37	39	41	43
1 225~1 259	21	23	25	27	29	31	33	35	37	39	41	43
1 260~1 294	22	24	26	28	30	32	34	36	38	40	42	44
1 295~1 329	22	24	26	28	30	32	34	36	38	40	42	44
1 330~1 364	23	25	27	29	31	33	35	37	39	41	43	45

---

① 数据来源：http://www.esdc.gc.ca/en/ei/regular_benefit/benefit_amount.page.

续表

失业前52周在保时长（小时）	失业率（%）										
	≤6	6.1~7	7.1~8	8.1~9	9.1~10	10.1~11	11.1~12	12.1~13	13.1~14	14.1~15	15.1~16	>16
1 365~1 399	23	25	27	29	31	33	35	37	39	41	43	45
1 400~1 434	24	26	28	30	32	34	36	38	40	42	44	45
1 435~1 469	25	27	29	31	33	35	37	39	41	43	45	45
1 470~1 504	26	28	30	32	34	36	38	40	42	44	45	45
1 505~1 539	27	29	31	33	35	37	39	41	43	45	45	45
1 540~1 574	28	30	32	34	36	38	40	42	44	45	45	45
1 575~1 609	29	31	33	35	37	39	41	43	45	45	45	45
1 610~1 644	30	32	34	36	38	40	42	44	45	45	45	45
1 645~1 679	31	33	35	37	39	41	43	45	45	45	45	45
1 680~1 714	32	34	36	38	40	42	44	45	45	45	45	45
1 715~1 749	33	35	37	39	41	43	45	45	45	45	45	45
1 750~1 784	34	36	38	40	42	45	45	45	45	45	45	45
1 785~1 819	35	37	39	41	43	45	45	45	45	45	45	45
≥1 820	36	38	40	42	44	46	45	45	45	45	45	45

3. 疾病补助

疾病补助是提供给因为疾病、身体受到伤害或为预防传染病受到隔离而暂时失去工作的劳动者补助。申领疾病补助需要满足的条件有：（1）工资收入水平减少了40%以上；（2）在资格获取期内工作至少满600个在保小时；（3）需要主治医师出具的相关证明。

在给付标准上，疾病补助金大概是工作期间平均工资水平的55%。补助期限主要取决于失业人员有多长时间不能工作，最长时间为15周。在具体疾病补助金的计算方法上，加拿大政府根据失业人员在之前的52周中依次选择出获得工资收入最高的14~22个周，然后算出平均周工资水平乘以55%，得到该失业人员每周能够获得的疾病补助金额，具体选择周数与当地失业率紧密相关，具体情况见表4—3。

表 4—3　　　　确定疾病补助测算基数时选择工资收入最高

周数与失业率对照表①

地区失业率（%）	周数
≤6	22
6.1～7	21
7.1～8	20
8.1～9	19
9.1～10	18
10.1～11	17
11.1～12	16
12.1～13	15
>13	14

4. 怀孕补助、育儿补助、关怀补助

怀孕补助是提供给因怀孕而失去工作的妇女的补助。要获得补助资格，必须在申请前 52 周内工作时间达到 600 小时；如果是个体经营的渔民，则需要在之前的 31 周内收入达到 3 760 加元。此外，申领者需要提供并签署一项声明，写明预产期或实际出生日期。产妇补助时长原则上是 15 周，如果新生儿生病住院，补助将持续到孩子出院。

育儿补助是提供给因照料新生儿或领养儿童的养父母的补贴，可以由父母一人享受，也可以双方共享。要获得补助资格，新生儿父母或养父母的任意一方同样需要在之前的 52 周内工作时长 600 小时以上，渔民需要在之前的 31 周内获得 3 760 加元以上的收入。此外，申请人还需要提供一份声明，写明新生儿的出生日期，或养子女的收养日期、收养地的名称和地址。对于亲生父母而言，育儿补

---

① 数据来源：http://www.esdc.gc.ca/en/ei/sickness/benefit_amount.page.

助从出生日期算起,养父母的育儿补贴则从收养日期算起,育儿补助期限最长为35周。

关怀补助是提供给必须离岗照料病危家人劳动者的补贴,并且该家属患有严重的疾病,并在未来的26周内有死亡的风险。即使申请人正处于失业状态同时领取常规失业补助,在这种情况下依然可以申请领取关怀补助,但申请人需要在之前的52周内工作时间达到600小时。此外还需要提交两份附加表格,一份为"授权发布医疗证明表",由病患本人或其代理人签字;另一份为"就业保险关怀补助医疗证明表",由病患主治医师签字,以确认患者在未来26周内确有死亡风险。关怀补助最高期限达到26周,申请人可以将这期间获得的补助金与家人共享。

5. 家庭额外补助

家庭额外补助是针对那些需要抚养子女的失业父母提供的补助。申领家庭额外补助需要满足的资格包括:(1)必须有资格享受常规失业补助;(2)所在家庭年收入低于25 921加元;(3)所在家庭同时领取儿童税收补助。家庭额外补助能够使家庭领取的各项就业保险金和补助之和的替代率达到失业前平均收入水平的80%。此外,如果申请人及其配偶同时享受常规失业补助,该家庭将只能享受一份补充性补助。随着家庭收入的提高,家庭额外补助金额将会相应减少,直到该家庭年收入达到25 921加元补助金将停止发放。

6. 渔民补助

加拿大是一个渔业较为发达的国家,有许多靠捕鱼为生的居民。但由于渔业受季节影响较强,自营性渔民很容易形成季节性失业,因此,加拿大就业保险计划中专门设立一项渔民补助。申请渔民补助要求有一定的靠自营性渔业获得的收入，现行规定是必须在申请前的 31 周内收入在 2 500～4 200 加元之间，具体数额由申请人所在地区的失业率决定，具体情况见表 4—4。此外，自营性渔民同样可以申请疾病补助、怀孕补助、育儿补助和关怀补助等。其中疾病补助和怀孕补助要求的申领条件是渔民需要通过渔业收入 3 760 加元以上，补助期为 15 周；育儿补助要求渔民在资格获取期内收入达到 3 760 加元以上，可获得补助的期间为 35 周；关怀补助要求渔民在失业前的 31 周内渔业收入在 3 760 加元以上，补助期为 26 周。

表 4—4　　　　渔业补助申领要求失业前 31 周达到的收入额、

最小除数以及失业率对照表[①]

地区失业率（%）	要求的收入金额（加元）	最小除数
≤6	4 200	22
6.1～7	4 000	21
7.1～8	3 800	20
8.1～9	3 600	19
9.1～10	3 400	18
10.1～11	3 200	17
11.1～12	2 900	16
12.1～13	2 700	15
>13	2 500	14

关于渔业补助标准，首先计算出申请人在失业前的 31 周内获得的渔业收入总额，然后根据地区失业率所对应的最小除数，见表 4—4，计算得出申请人每周获得的收入，然后乘以 55% 即为申请人每周可获得的补助金额。

---

① 数据来源：http://www.esdc.gc.ca/en/ei/fishing/benefit_amount.page.

如果申请人在资格获取期内还有其他的工资性收入，则应告知在失业前26周内获得的工资性收入总额，然后同样计算出申请人每周获得的工资性收入金额。将该金额与之前通过渔业获得的周收入相加，获得每周总收入，将该收入与规定的最高水平周收入二者比较取最小值，用这一数值乘以55%即为申请人每周可获得的补助金额。2016年，规定的有资格领取渔业补助的失业者最高收入水平为50 800加元/年，即955.04加元/周。在渔业补助的给付期限上，冬季补助的最长时间为4月1日至同年的12月15日；夏季补助的最长时间为10月1日至次年的6月15日。如果申请人还同时享受诸如疾病补助等其他特别补助，渔业补助期可延长至52周。

7. 自雇者补助

加拿大有一套专门针对自雇者的就业保险计划，自雇者在满足一定条件下可以申请领取就业保险金和疾病补助、怀孕补助、育儿补助、关怀补助等特别失业补助。自雇者在申领特别失业补助前需要提前一年通过加拿大就业保险委员会完成注册，并完成相应的缴费义务。目前2016年的缴费标准是每100加元的个人收入下需缴纳1.88加元，全年最多缴费955.04加元。另外，失业者需要在申请当年达到一定收入标准才能领取补助，2016年申领补助要求申请人在2015年的收入至少需要达到6 820加元。

自雇者补助的给付标准根据申请人的全年收入计算出每周的平均收入，然后乘以55%得到补助金额。在具体实施时，需要鉴别申请人收入的不同来源。如果申请人当年总收入分为自营性收入和工资性收入，在符合条件的情况下申请人可以通过自雇者或雇员任一身份申领特别补助金。当失业者以自雇者身份申请时，申请人年收入即为申请人全年自营性收入和工资性收入的总和;如果失业者以雇员身份申请,那么申请人年收入总额将只计入工资性收入部分,同时需要提交就业记录表(ROE)。

二、劳动力市场政策

以促进就业为目的的加拿大劳动力市场政策可以分为就业补助和就业支持两类。加拿大劳动力市场政策中具有代表性的项目见表4—5。

表 4—5　　　　　　　　加拿大代表性劳动力市场政策[①]

计划名称	项目名称	主要内容
就业补助计划	专项工资拨款	鼓励雇主雇用存在长期失业危险和就业障碍的工人,对雇用这些工人的雇主提供适当的补助
	专项收入补助	对目前愿意从事低收入工作的失业人员提供补助,鼓励他们接受低收入的工作
	自主创业计划	对失业者提供经费支持,如贷款优惠,同时要求加拿大人力资源发展部为他们提供商务计划建议,帮助失业者实现自主就业
	职业创造合作计划	以社区为中心,通过政府资助为失业人员再就业创造机会,使计划参与者有机会获得工作经验,实现持续就业
	技能发展计划	由联邦政府和各省政府协议共同为失业人员提供贷款和补助,资助他们为了再就业而更新技能的支出
就业支持计划	就业援助服务	提供咨询及工作查询服务,设立求职俱乐部,通过互联网建立工作银行(Job Bank),提供专业工作定位指导以及劳动市场相关信息
	劳动力市场合作	鼓励和支持工会、雇主联合会和社会团体与政府合作,目的是促使相关各方自发调整产业内或者行业内的劳动力市场
	原住民人力资源发展战略(AHRDS)	包括一系列与原住民机构签订的协议,允许他们自行制定并实施各种就业计划与服务

---

① 于洪. 加拿大社会保障制度 [M]. 上海:上海人民出版社,2011.

第三节　加拿大就业保险计划的服务机制

加拿大政府在电子政务改革路径的引领下，通过计算机技术手段，对就业保险服务体系进行了一系列改革，使政府就业保险服务机制逐步转向电子化、信息化、网络化，并通过一系列流程设计和整合，使申请程序实现自动化、简单化，以改善服务质量和提高服务效率。

在就业保险服务体系向着网络化方向发展的过程中，政府始终将公民隐私与个人信息安全置于首要位置，以公民为中心，通过电子平台提供更加方便快捷的服务。主要内容包括：通过互联网从客户、企业那里获得准确高效的个人基本信息；尽可能将申请程序自动化，在无纸化环境中完成；尽可能使用电子支付；将项目信息以及重要的客户数据电子化，建立就业保险信息在线；将呼叫中心统一起来，并改进客服质量等。

一、网上就业保险补助申请系统

从2002年起加拿大社会服务中心为申请就业保险补助的公民提供线上服务。申请人不再需要提交纸质申请表，可以在任何时间、任何地点通过互联网进行线上申请。需要特别指出的是，该系统的应用程序中专门设置了一个互动的个人基本情况调查系统，对申请人离职、辞退或培训进行问卷调查，从源头上收集个人的就业信息，从而在面对复杂有争议的就业补助申请时为工作人员全面准确地做出分析判断提供依据，或是协助申请人员查找申请被拒的原因，以及寻找其他可能的援助渠道。

二、就业记录网

失业人员在申请就业保险补助时，会被强制性地要求提交就业记录表，政府则根据雇主对雇员在职时每月工资的完整记录，审核申请人的资格条件。加拿大政府开发的就业记录网，使得政府与企业之间的这种就业记录传输转为在线信息传递，企业无须向加拿大服务中心邮寄纸质文件，大大简化了企业提供工资信息的过程；此外雇主也可以使用加拿大就业记录网的数据库来归档本企业就业信息，不再需要订购和储存纸质的就业记录文档，为雇主节省了大量的时间、财力和人力。

三、自动申请程序

当失业人员提交申请后，就业保险计划的自动申请程序将基于就业记录网提供的信息快速对申请信息进行汇总、归纳和甄别，并立即计算其就业保险资格，大大提高了服务的及时性和准确性。从总体平均水平来看，该自动申请程序每年可以裁定280万份申请，其中包括90％的初次补助申请以及50％的二次补助申请。

四、互联网报告服务

就业保险计划规定凡是领取就业保险补助的失业人员都要提交两周一次的报告，说明在这两周期间的就业或培训状况。之前的双周报告均为纸质文件，处理起来很不方便。2004年2月，随着互联网申报服务的上线，客户可以通过互联网填写和提交双周就业保险报告，大大简化了客户向加拿大服务中心提交双周报告的过程，无须纸质文件也减少了资源浪费。

五、"我的在线"就业保险信息

"我的在线"就业保险信息系统于2005年8月正式推出，劳动者可以通过一个安全可信的网站，全面了解自身的就业保险信息，同时可以通过系统查看就业保险账户，及时更新个人信息。

六、个人信用管理体系

政府在给符合申领条件的失业人员发放补助金时，给付标准的确定多是基于申请人填报的有关工资和税收等项目，因此申请人所填报信息的真实性显得尤为重要。加拿大通过为每一位公民建立一个特定的号码，即社会保险号码（SIN）来对个人信用进行有效管理。因为个人的任何收入都会被记录在该号码之中，政府也可以通过对社会保险号码的追踪随时掌握失业人员寻找工作、接受职业培训和职业介绍的情况。

第五章
加拿大工伤保险计划

自工业革命开始以来，关于生产方式和生产工具的变革，一方面推动了经济和工业的飞速发展，另一方面由于机器的广泛应用也使工人在工作中频频受到意外伤害和职业病的困扰，由此出现的雇主与雇员之间的纠纷问题层出不穷，劳资矛盾愈加严重。在这一背景下，1884年7月6日德国俾斯麦政府颁布世界上第一部《工伤保险法》，通过引入强制性的工伤保险计划，补偿在工作中受到意外伤害的工人。自1915年1月1日加拿大安大略省颁布加拿大第一部《劳工赔偿法案》开始，其他各省和地区相继开始建立各自的工伤保险计划，共同构成了加拿大的工伤保险体系。目前，加拿大联邦政府并没有制定统一的工伤保险制度，由各省（地区）自行制定法规，具体负责工伤保险事务的运行。

第一节　加拿大工伤保险计划的基本功能

一、工伤预防

工伤预防作为工伤保险体系中的预防环节，有利于在源头上防止事故的发生。工伤预防通过事先防范职业伤亡事故以及职业病的发生，减少事故隐患，改善并创造有利于职业健康的安全生产环境和条件，保护劳动者在生产、工作环境中的安全与健康。① 加拿大颁布的《职业健康与安全法》的核心内容就是强调工作场所的每一个人，不管是雇员还是雇主，还是其他与工作场所有关的人，都要为个人和同事的安全负责。加拿大联邦和各省（地区）政府也都设立了安全监察制度，并指派职业健康与安全监察员，负责各自管辖范围内的所有工作场所安全的检查，监察员有权对雇主和雇员发出安全指令；雇员有权要求管辖区域内的职业健康与安全监察员对违反法规的工作场所进行强制监察。

二、工伤补偿

工伤补偿作为加拿大工伤保险计划的主要功能，其作用是保障工作人员能够在受到意外伤害或者患有职业病后获得必要的医疗救治和经济补偿。在工伤保险计划的具体内容上，各省（地区）的保险项目都有对雇员在工作中遭受意外伤害或患有职业病后开展赔偿工作的内容。比如劳工赔偿委员会提供的项目旨在通过收入损失补偿给那些在工作中受到伤害并无法再从事工作的工人，为他们提供生活补助；加拿大养老金计划中的伤残补助除了覆盖在工作中受到的伤害赔偿以外，其他符合规定的伤残情况也能纳入其中；此外，还有就业保险提供的补偿、退伍军人及其家属伤残补助金、犯罪行为受害者的相关赔偿等。

三、工伤康复

工伤康复旨在利用与伤残或疾病恢复相关的康复设施和康复技术，最大限度恢复和提升工伤人员的职业劳动能力、生活自理能力

---

① 魏瑞清. 关于完善我国"三位一体"工伤保险制度的思考[J]. 中国管理信息化，2013（08）：85-86.

以及身体机能,以实现工伤人员重回工作岗位、自食其力、回归社会的最终目标。劳工赔偿委员会中由雇主投保建立的"意外伤害基金"用途之一就是提供给在工作中受伤的工人所需的医疗恢复费用补偿;伤残人士的职业恢复项目则通过提供评估、咨询、教材、工具、恢复帮助、职业培训、工作培训、工作技能、工作经费和培训费用等服务,使受伤的工人尽可能恢复到受伤之前的状态,帮助受伤的工人恢复劳动能力;伤残人士福利项目中也会提供支付辅助设施、医疗器械费用的相关帮助,目的也是帮助受伤人员能够得到更好的康复,恢复工作能力,重返工作岗位。

第二节 加拿大工伤保险计划的主要内容

一、一般工伤保险计划

加拿大工伤保险计划是一个省级主管的社会保障项目,各省(地区)都有自己的工伤保险立法、工伤保险计划以及工伤保险赔偿机构,因此在资金来源、缴费水平、覆盖范围、待遇水平等方面标准不一。本节主要介绍加拿大工伤保险计划的总体情况。

加拿大工伤保险计划的资金来源主要是雇主缴纳,个别省份是雇主和雇员共同缴纳的费用,此外还有政府税收以及一些私人基金会的转移支付。不同的省(地区)工伤保险的覆盖范围也有很大的不同,覆盖率从72.87%~98.01%不等。如新斯科舍省工伤保险覆盖率为72.87%,不列颠哥伦比亚省覆盖率则达到了98.01%,2015年加拿大各省(地区)劳工赔偿委员会项目覆盖率见表5—1。

表 5—1　2015 年加拿大各省（地区）劳工赔偿委员会项目覆盖率[①]

省（地区）	工伤保险计划覆盖率（%）
纽芬兰与拉布拉多省	97.63
爱德华王子岛省	97.48
新斯科舍省	72.87
新不伦瑞克省	—
魁北克省	
安大略省	75.93
曼尼托巴省	76.44
萨斯喀彻温省	73.71
阿尔伯塔省	89.94
不列颠哥伦比亚省	98.01
西北地区/努纳武特地区	—
育空地区	94.88

注：新不伦瑞克省、魁北克省和西北地区/努纳武特地区的工伤保险计划覆盖率数据在作者检索的时点尚未在 http://awcbc.org 统计。

在缴费水平上，各省（地区）的工伤保险计划均采用浮动费率制，即以每个工人的收入为依据，通常会规定一个最低限和最高限的缴费率，缴费率取决于行业风险的等级。以安大略省为例，缴费率的变化范围如下：危险程度最低的行业，缴费率为可保收入的1%；危险程度最高的行业，缴费率可达可保收入的25%，平均缴费率约为3%。

在待遇享受上，工伤保险待遇具有最高和最低标准的限制，各地标准不一，一般有以下情况：（1）暂时工伤致残的，赔偿数额为原收入的75%。（2）工伤导致永久残疾的，完全残疾者补偿可达到原收入的90%，有的还支付一次性补偿金；部分残疾的，按谋生能力降低比例确定赔偿金比例，在10%以下的一次性支付。（3）工伤

---

① 资料来源：http://awcbc.org/? page_id=9755。

人员遗属（配偶和子女）抚恤金每人每月按一定数额发放。除了以上补偿外，伤残工人还能得到医疗服务和护理，以及必要的职业康复培训。由于伤残程度容易随着时间变迁而有所变化，可能变好也可能变得更糟，工伤赔偿机构索赔仲裁委员会每年复核受伤工人的保险待遇，直到工人受伤后的72个月为止；72个月以后，没有新情况不再复核。对于伤残等级的认定，一般由工伤保险机构指定的医生来进行。

二、特殊工伤保险计划

1. 针对联邦政府雇员和雇主的赔偿计划

为保障加拿大联邦雇员和雇主的权益，联邦政府专门颁布的独立于省级工伤保险立法之外的《政府职员工伤保险法》中规定，劳工赔偿计划的覆盖人群包括：所有的联邦政府雇员、参议院雇员、下议院议员、议会图书馆工作人员、参议院道德办公室职员、利益冲突和道德委员会职员等。

作为联邦政府的雇员或雇主，需要根据《政府职员工伤保险法》履行权利或义务。该项目主要由地方政府的劳工赔偿委员会负责，针对诸如医疗康复等服务和收入损失提供赔偿金。然后由该项目雇主缴纳保费所建立的工伤保险基金赔偿给申领人所在省份。因此，联邦政府的雇员像当地工作的其他雇员一样，在所在省份接受相同级别的工伤赔偿。如果申请人居住在努纳武特、育空或是西北地区，阿尔伯塔省会接受工伤赔偿的申请；如果申请人是在海外工作的联邦政府雇员，一般情况下由安大略省处理工伤赔偿的申请。

作为联邦政府雇员，只要是在工作期间受到意外伤害或患有职业病，都有资格申请收入损失、药物治疗以及医疗康复的相关赔偿。同时有资格享受其他保险项目。另外，如果联邦政府雇员因伤残或疾病不幸死亡，受其赡养的人员也将被纳入收入补偿的受益范围中。

作为联邦政府管辖下的企业雇主，要求为所有雇员提供安全的工作环境，并能够在事故发生后及时妥善处理。当然，如果在事故发生后不同意员工提出的索赔要求，雇主有权利向当地劳工赔偿委员会提出上诉。在委员会做出裁决后，雇主和雇员都可以重新上诉，这一上诉应当提出新的证据，尤其是医疗证据。

此外，还有一个特殊群体是，外国公民在自己的国家被加拿大联邦政府海外办事处雇用的，如加拿大驻外使馆工作人员，在工作中遭受意外或患有职业病时，同样可以享受与加拿大本国雇员相同级别的赔偿。

2. 幸存者补助计划

加拿大工伤保险计划中的幸存者补助计划，针对的是在工作中遇到暴力行为后幸存的联邦政府雇员，由雇主代表雇员申请该项补助。作为雇主，当职员在工作中受到侵害时，企业负责部门应当立即向合适的当地劳工伤害赔偿办公室提交赔偿申请，如果申请通过，雇主应立即代表其雇员申请补助，人力资源部门的工作人员应当尽一切努力让受侵害职工所赡养的人获悉该项补助计划。

幸存者补助计划每月提供的补助金不计入应纳税额，申领人必须是联邦政府公务员，在工作期间受到非法暴力行为的侵害，同时需要满足《政府职员工伤保险法》或《养老金法案》的相关要求。另外，该计划不包括加拿大正规部队成员和加拿大皇家空军，或是各省雇用到海外工作的雇员，也不包括政府公共事务的承包商、分包人以及为承包商和分包人工作的雇员。

3. 在押者补助计划

当监狱囚犯在服刑或假释期间生病或受伤时，就有资格获得联邦在押者补助计划下的相关补偿。加拿大联邦劳工服务部和教养中心是这一补助计划的主管部门，由联邦劳工服务部和教养中心接受和评估在押者提出的所有索赔事项，并针对永久性伤残事项的处理提出相关建议，然后转交给加拿大教养中心，由教养中心复审建议法案，并对该项补助计划负有支付补助金的责任和最终解释权。

在押者补助计划需要满足的申请条件有：（1）监狱中的囚犯在接受加拿大政府认定的改造活动或培训项目中受到意外伤害；（2）必须在三个月内将事故发生的有关报告递交给加拿大联邦劳工服务部和教养中心；（3）如果申请人在刑满释放或被假释之前发生意外伤害，必须在事故发生之日起的两年内提交补助申请。

当发生下列情况时，申请人将不具有申请赔偿的资格：（1）意外伤害的发生是由于行为不当所造成的，包括自我伤害或犯罪活动；（2）当有资格申请另外的补偿计划时，优先申请其他补偿计划，如获批则失去申请在押者补助的资格；（3）申请人没有寻求合适的医药治疗，拒绝所建议的体检或治疗，或拒绝被核实残疾状况；（4）申请人被转移或驱逐出境等。

在下列情况之一发生时，申请人将被停止发放补助：（1）申请人在刑满释放后再次由于犯罪行为而被囚禁；（2）申请人拒绝定期的残疾评估；（3）申请人在意外事故发生后收到过一笔一次性赔偿款；（4）除非在某些特殊情况下，申请人在没有经过加拿大联邦劳工服务部和教养中心许可之下移居海外。

另外，如果申请人的赔偿申请被拒绝或申请人不同意得到的索赔决定，申请人有权向加拿大联邦劳工服务部和教养中心提出书面申诉，也有权代表自己的利益就相关费用或建议咨询独立的法律顾问。

4. 商船船员赔偿计划

加拿大工伤保险计划中的商船船员赔偿计划旨在保护那些没有受到联邦或当地政府劳工赔偿计划覆盖的商船船员，在工作中受到意外伤害或患有职业病时能够获得医疗及相关服务和恢复费用。如果商船船员工作意外或是职业病最终导致了船员的死亡，受船员所赡养的人可以领取该赔偿计划。

在加拿大《商船船员赔偿法案》的规定下，不论事故发生在国内或国外，船员都有资格获得诸如医疗、外科、牙科帮助以及住院和护理服务所需的相关费用补偿。如果在工作场所发生的伤害或导致的疾病致使船员永久性残疾，船员有权按照之前收入的一定比例申请残疾补助。在死亡的情况下，该计划将涵盖丧葬费以及对船员子女、配偶和其他家属的费用支付。在该法案的规定下，申请人只能是那些没有被纳入联邦政府或当地政府劳工赔偿计划中的人员。该计划具体由联邦政府人力资源和开发部劳动计划官员主管，但最终相关索赔裁决结果由雇主负责执行，如支付相关的赔偿费用和行政管理费用。

商船船员赔偿计划需要满足的申请条件是：（1）申请人没有被纳入任何其他省或联邦政府工作人员的赔偿计划；（2）按照《商船船员赔偿法案》的规定，当意外伤害或疾病发生时所在船只须正在进行国内或国外的贸易航行；（3）雇主为工作场所的伤害或疾病风险投保。

在以下情况之下，申请人将不具备申请该项赔偿的资格：（1）申请人是渔民、飞行员或实习飞行员；（2）事故造成的伤害不影响申请人能够连续完成至少三天的全职工作；（3）事故的发生是由自身不当行为造成的（除非意外伤害导致死亡或严重残疾）等。

作为商船船员赔偿计划的申请人，拥有的权利如下：（1）申请获得受到意外伤害或职业病后的赔偿；（2）就收入损失和医疗支出申请赔偿，包括康复服务、帮助重新就业以及克服由于意外伤害或职业病造成的诸多限制；（3）提供事故发生的回忆记录；（4）如果申请人希望重新讨论裁决结果，可以联系劳工计划的相关部门等。

商船船员赔偿计划申请人应当履行的义务如下：（1）在工作场所发生意外或患有疾病后应立即上报主管，雇主有60天的时间提出索赔申请；（2）快速寻求急救，以尽量降低伤害的影响；（3）如果必须在工作时间以外进行医疗救治应立即告知雇主，或者事故造成的伤害致使不能重新工作时也应告知雇主；（4）为雇主和当局提供尽可能多的事故或疾病的详细信息，这有利于最终的索赔裁决；（5）与雇主合作，提出赔偿要求；（6）与受理索赔申请的工作人员合作，并密切关注相关说明和指导；（7）必须参与并记录由申请人主治医师和劳工计划的工作人员推荐的所有医疗预约和治疗方案等。

作为商船船员的雇主，应当为员工提供一个安全的工作环境，能够在事故发生时及时、有效处理，并在任何工伤事故或职业病发生的60天内向主管部门的工作人员提交书面的事故报告。工伤事故或职业病报告应当列出意外伤害或疾病所需医疗护理的详细细节以及事故发生的时间、地点,船员的姓名和地址,船员所需的医疗救助和其他主管部门工作人员要求提供的信息。此外,雇主必须为雇员在工作中受到伤害或疾病的风险投保,并负责支付受伤船员关于医疗检查或治疗的所有费用,包括运送船员的费用。如果商船船员的索赔被批准,还应支付劳工部在索赔裁决过程中所产生的行政费用。

三、伤残养老补助计划

加拿大养老金计划中的伤残养老补助计划面向那些缴纳过足额的养老保险金,并且其伤残情况致使无法在正常情况下从事任何形式工作的参保人。加拿大伤残养老补助计划要求申请人伤残情况必须满足"严重性"和"长期性"。严重性指申请人的伤残程度致使他无法从事任何持续性的工作;长期性指无法预估申请人伤残治疗所需的时间或是伤残情况可能导致死亡。伤残养老补助计划还对父母是接受伤残养老补助计划的儿童提供一定的经济支持。

加拿大伤残养老补助计划的申请条件包括:(1)伤残情况需满足"长期性"和"严重性";(2)年龄在65周岁以下;(3)缴纳过足额的养老保险金。另外,如果申请人已经接受了其他保险项目的赔偿,依然可以享受该计划,不过其他保险项目会相应调整赔偿标准。2016年加拿大伤残养老补助计划的给付标准是平均每月伤残补助金额为933.82加元,每月最高可获伤残补助金额为1 290.81加元。凡是符合条件的申请人每月可获基本补助金471.43加元,剩余部分则根据申请人在工作期间缴纳养老保险金的数额来定。在此基础上,申请人所赡养的孩子也可获得每月237.69加元的伤残补助金。

四、伤残就业补助计划

加拿大就业保险计划为失业人员提供临时性的经济支持,其中就包括了因为疾病、身体受到伤害或为预防传染病受到隔离而暂时失去工作的人,为他们提供最长15周的疾病补助。申领疾病补助需要满足的条件是工资收入水平减少了40%以上,在资格获取期内工作至少满600小时,需要主治医师出具相关证明。

在给付标准上,伤残就业补助金是工作期间平均工资水平的55%。截至2016年1月,失业人员一年能够获得的伤残就业补助金最高可以达到27 924加元,也就是每周最多可得到537加元的补助金。在具体伤残就业补助金的计算方法上,加拿大政府在失业人员之前工作的52周中依次选择出获得工资收入最高的14~22个周,算出平均工资水平后乘以55%,得到该失业人员能够获得的疾病补助金额。

此外,加拿大工伤保险计划还面向伤残人士提供私人工伤保险项目,可以由雇主投保,也可以由个人购买,用于在工人工作中意外受伤时获得收入补偿。一般情况下,保险公司会按照工人工作时收入的一定比例支付补偿金,且补偿金计入纳税税基。退伍军人及其家属的伤残补助金由联邦政府公共财政支付,用于曾在军队服役过的伤残军人或其家属的补偿;伤残人士的职业恢复项目则用于支付伤残人士在职业恢复项目中所需的费用,如帮助恢复、职业培训、工作帮助等,该项目费用由联邦政府和省政府共同承担。

第三节　加拿大工伤保险计划的服务机制

一、管理体制

加拿大作为一个联邦制国家,每个省(地区)政府与联邦政府之间都是独立、对等的关系,拥有相对充分的立法权和行政管辖权。作为地方社会保障项目的加拿大工伤保险计划，在管理体制上实行省级管理。工伤保险计划从立法、制度设计到政策执行的过程在各省（地区）都是相对独立的，有各自的适用范围。但总体来说，联邦政府的人力资源和开发部劳工局负责联邦的职业健康与安全事宜，各省和地区的劳工局具体负责本省和地区的职业健康与安全事宜，劳工赔偿委员会主要负责工伤赔偿事宜。

二、管理责任

加拿大工伤保险计划管理体制的基本特征就是政府、企业和工人组成的三方机制，尤其是企业内部管理责任制更是核心所在。各省（地区）立法规定企业必须建立"联合安全小组"，并要求小组内必须有一半的成员是工人，小企业则至少有一名职工代表，以确保工人能够直接参与到安全事故和职业病的预防管理工作中。政府也鼓励劳资双方自行讨论解决工作场所的一般性职业危害问题，只有当问题无法解决时政府才会出面仲裁。

加拿大普遍推行的内部责任制确保了安全生产工作以事故预防为主，在源头上防止和减少事故的发生。工作场所的每个人都要对安全事故和职业病的预防负责。具体涉及雇主、主管、工人的三方责任：（1）雇主责任。提供安全健康的工作场所；确保工人接受足够的安全培训；建立并执行一套全面的工作健康和安全计划；支持主管、工人开展改善健康和安全的活动；当意外事故发生后，能够及时有效地进行处理；向主管部门报告严重事故；提供足够的急救设备及服务等。（2）主管责任。指导工人遵循安全工作程序；针对工人所从事的工作进行培训；确保设备及物料得到妥善使用和维护；纠正不安全行为和状况；制定健康及安全规则，并对工作场所经常进行维修和检查，排查安全隐患等。（3）工人责任。参加所有规定的健康和安全教育培训；按规定进行设备操作和装备使用；如发现任何不安全情况，应立即纠正或向主管报告；受到意外伤害时应立即向主管报告；主动参与，提供改善工作场所健康和安全的建议等。

三、安全监察

由联邦、省或地区政府指派的职业健康与安全监察员，负责各自管辖范围内工作场所安全监察，并直接对雇主及雇员发出各种安全指令。雇员有权要求管辖区内的监察员对违反职业健康与安全法规的工作场所进行强制监察。职业健康与安全监察员属于政府雇员，负责对投诉、伤残、死亡和工人行使拒绝权进行调查。立法规定，监察员可以随时且无须经允许地进入工作场所检查遵守健康与安全规定的情况，操作机器设备来实地感受安全状况和提取样品，向相关人员调查取证，查阅卷宗，拍照，聘请专家对工作设备、环境、产品进行鉴定，签发警告和停工令状等。

四、安全培训

加拿大政府采取各种方法推行多样化安全培训和服务，各级政府资助或支持的各类专业职业卫生与安全机构在提供专业和权威的安全信息、执法宣传、咨询、应用研究、培训等应用服务和交流中发挥了不可或缺的作用。例如圣玛丽大学职业健康安全中心、卑诗省安全局、加拿大职业卫生与安全中心等机构承担了很多工伤预防的培训工作。

加拿大各级政府、各类行业机构和专业团体也开发了大量浅显易懂、实用、免费或低费的职业卫生、安全信息和培训资源，指导工人的安全操作行为。加拿大各级政府还通过开展"公众知识活动"普及职业卫生安全常识，提升全民安全与职业卫生意识。同时规定每年的 4 月 28 日为全国工伤纪念日，全国为在工作中受伤、致残、死亡的工人降半旗。每年 6 月第一周为全国职业健康与安全周，在企业、学校、社区等全社会范围内开展安全生产宣传活动等。

加拿大的工伤保险计划由于发展较早，目前已经建立较为成熟和完善的体系。但加拿大工伤保险作为一项地方性保障项目，各省和地区都有自己独立的工伤保险计划，因此在项目设置上难免会出现缺位或重叠现象，各补偿项目呈现碎片化和分割性，在制度体系的统一性和完整性上明显不足。另外，随着补偿项目覆盖范围和待遇水平的不断提高，项目的负债经营现象也越来越严重。这些问题的解决需要加拿大政府的改革与努力。

第六章
加拿大住房保障政策

加拿大虽然在政治制度和经济体制方面与美国有着诸多相似之处，但作为一个高税收的国家，社会保障制度安排与欧洲模式更加靠近，拥有非常完善和发达的社会福利体系。统计数据显示，加拿大人口城市化率达到81.8%。面对大量不断涌入城市的人口，住房压力变得越来越大，城市住房也成为居民消费中的主要支出之一。在普通民众无法通过自己的收入独立购买住房时，住房保障政策应运而生。由于保障性住房多是由政府、社会团体、非营利组织等开发建设，人们在该买此类住房时能够获得相应的补助，因此价格相对低廉。

第一节 加拿大的住房市场化

加拿大人口稀少，截至2016年7月1日，总人口密度约为每平方千米3.63人，人均占有土地面积约是中国的42倍。相对丰富的土地资源使得加拿大住房的占地面积都比较大。加拿大的住房约二分之一是独立房或半独立房，三分之一是高层公寓，十分之一是6～8户连在一起的两层以下的联排屋。所有这些房屋都在室内或室外带有自己的车库。不算院落和车库面积，加拿大的一套独立房平均面积相当于175平方米。①

在加拿大,大约三分之二的家庭拥有自己的住房,三分之一的家庭租赁住房,在这些租赁住房中,大部分租赁的是私人拥有的住房。三年内,每两户加拿大居民就有一个要搬一次家。如此频繁的房屋买卖使得加拿大的住房市场化程度很高。房屋买卖的信息可以通过多种渠道获得,如报纸、电视、网络以及房地产经纪商等。

在加拿大,买卖房屋有着很严格的法律程序,一定要通过律师来完成交易手续。通常买卖双方都有自己的房地产经纪商,买卖双方房地产经纪商的佣金都来自于卖方售价,大约是总价的5%,买卖双方房地产经纪商在交易完成后自行分配这部分佣金。因此,买方在这一过程中不需要支付任何费用就可以享受专业的服务,买卖双方需就价格等达成一致并通过双方律师履行完所有手续,最后交易才能达成。因此,加拿大的住房市场化程度相对较高。

在住房资源分配市场起主导作用的同时,加拿大也强调政府干预,重视公共住房的发展。加拿大的住房政策目标是确保所有的加拿大人都能够以个人负担得起的价格购买体面的住房,政府通过协助建造足够的住房、提供贷款担保等方式为那些在私人房屋市场上无法获得合适住房的人提供住房保障,保护公民的住房权。政府要求房地产开发商在兴建房屋项目的时候,必须划拨出10%~15%的建设用地用来建设保障性住房以租售给低收入家庭。

第二节 加拿大保障性住房的主要形式

在加拿大,住房通常分为商品房和保障性住房两种类型。其

---

① 姜百臣. 英国和加拿大住房保障制度模式考察[J]. 中国房地产金融,2007(3):45-48.

中，在市场主导的住房市场中商品房占据多数，开发商以营利为目的建造大量房屋，这类房屋数量充足、质量优良，因而加拿大居民的居住水平普遍较高。与此同时，在加拿大还有一批底层民众是不能通过这种私人市场的交易来获得合适住房的，他们的居住水平还比较低下。在这种情况下，需要建造保障性住房以满足贫困人口的住房需求。

一、公共住房

作为加拿大最早的保障性住房形式，公共住房是从第二次世界大战后到20世纪80年代这一时期集中建造的，客观上解决了大量社会底层人士的住房问题。公共住房由政府负责投资建设，75%～90%的经费来自联邦政府贷款，其余的经费来自省政府贷款。房屋供最低收入的穷人租用，租金则基于承租人一定的收入比例收取，通常是收入的25%～30%，差额部分由联邦政府和省政府共同分担，以补贴方式补足。

目前，加拿大公共住房数量大约有20.5万套，约占保障住房总量65万套的三分之一。以20世纪70年代为界，之前公共住房强调为家庭而建，之后公共住房则强调为老年人而建。安大略省是最大的公共住房提供者，占全国公共住房总数的55%，魁北克省占25%，阿尔伯塔省占9%，曼尼托巴省占7%。[①]

尽管加拿大公共住房供给数量充足，但低收入群体普遍对公共住房项目表示不满，主要原因是：（1）在运作管理上，公共住房项目由政府指定人员构成的董事会负责管理运作，居民对所在社区事务没有直接的发言权，大量社区居民对此表示不满；（2）大规模集

---

① 詹浩勇，陈再齐. 加拿大社会保障住房的发展及其启示 [J]. 商业研究，2012（4），182-187.

中开发的公共住房虽然一定程度上满足了贫困人士的住房需求，但因大量穷人集中在一起而形成的穷人社区使得社区管理混乱，犯罪率不断上升，给社会秩序带来了巨大挑战；（3）为管理社区事务而专门设立的董事会不能直接有效了解社区居民所面对的住房难题，管理有效性得不到提高而管理成本却在不断攀升。

二、非营利住房

随着民众对于公共住房项目的日渐不满，以及该项目所伴随的昂贵的维持和管理费用，加拿大政府和专业人士开始寻求一种公共住房的替代方法。在这一时期，加拿大非营利性社会团体和组织开始参与住房建设中来，这种由第三方组织提供的住房在性质上是非营利的，因此不能参与市场销售。

非营利住房分为两种类型：一种是私人非营利住房，这类住房由社会组织建设运营，包括教会、福利俱乐部、老年人组织、种族文化组织等；另一种是公共非营利住房，主要由当地政府建立的抵押与住房公司建设和运营。与公共住房居住群体不同的是，非营利住房的居住群体是多元的。一方面通过加拿大抵押与住房公司对租住在非营利住房中的低收入人群进行补贴，根据收入的一定比例收取租户租金，与市场租金间的差额则由政府补贴；另一方面也以市场基准的价格租住给中等收入的家庭。

非营利住房更加强调多元化的模式使得住房分配得以面向更广泛的人群，也在一定程度上塑造了社区的稳定性和包容性。另外，在非营利住房的社区中虽然董事会仍不必对居民负责，但居民可以通过董事会享有对社区事务管理的发言权，这对于培养居民参与度和公民意识具有良好的导向作用。

三、合作住房

合作住房由加拿大社区居民"合作社"建设,规定合作社必须由 5 人以上的成员组成,他们的收入不一定低,但要有公德心、不谋私利、愿为社会住房出力。合作社的成员是混合居住的,包括按市场基准支付和按收入一定比例支付的住户。合作住房的房产是集体产权,不能在市场上进行出售。合作社的资金来源一般是工会或者银行贷款,贷款利息约为 11%,其中房客只需支付 2% 的利息,剩余 9% 的利息由加拿大抵押与住房公司贴息补助,房屋只允许租给合作社的成员和低收入人群居住。加拿大抵押与住房公司要求必须把所建房屋的四分之一租给穷人,且合作社董事会必须对此情况严格保密,以维护这部分房客的体面和尊严。

合作住房各个方面的工作都由董事会负责,董事会每年从成员中选举产生,每个成员都有平等的表决权,都有机会以主人的身份参与到社区的事务管理中。虽然有些合作社会将某些或全部的社区管理工作外包给专业人员或专业公司,但最终的决定和决策制定仍然由所有成员通过董事会表决。这种合作社居民在管理和运营过程中的全程参与不仅有利于培养居民素质和社区凝聚力,也大大降低了以往成立外部管理组织所带来的运行成本。

第三节 加拿大住房保障的补贴政策

一、住宅复原救助/援助计划(Residential Rehabilitation Assistance Program)

1. 低收入私房屋主的住宅复原救助计划(Low-income Homeowner Residential Rehabilitation Assistance Program)

针对那些房屋未能达到公共住房质量的私房屋主，住宅复原救助计划通过对房屋进行必要的修理，使房屋能够达到最低健康和安全居住标准水平。就覆盖群体而言，如果私房屋主的房屋符合条件，并且家庭总收入在加拿大抵押与住房公司所设定的收入标准线以下，就有资格申请救助；凡涉及房屋结构、电力系统、管道排放、取暖系统以及防火设备等强制性修理项目时都符合救助计划的申请条件。

在低收入私房屋主的住宅复原救助计划援助资金是以完全可免除贷款形式提供的，目前低收入私房屋主所能获得的单项贷款最大限额是6万加元，其中北部偏远地区所能获得的单项贷款最大限额还可以在此基础上增加25%。但是，在救助计划的贷款得到书面批准之前所实行的任何修理都不在能够获得救助的范围之内。

2. 出租房屋复原援助计划（Rental Residential Rehabilitation Assistance Program）

出租房屋复原援助计划是针对向低收入家庭提供住房的房东，对他们为出租屋进行的必要性修理提供援助。就申请资格而言，房客的家庭总收入必须低于加拿大抵押与住房公司所设定的收入标准线；无论在获得援助计划之前还是之后，租金都应低于当地收入标准；房客与房东之间没有亲戚关系；房东必须签订契约设定房租的最高标准，并且在租约期间，对每年租金的增长额有一定限制；房东必须承诺房屋的新租客必须属于低收入家庭等。凡是满足以上条件者，都可以在涉及房屋结构、电力系统、管道排放、取暖系统以及防火设备等必要性修理项目实施时提出援助申请。在援助资金上，援助以完全可免除贷款的形式提供，目前屋主所能获得的单项贷款最大限额是 6 万加元，其中北部偏远地区所能获得的单项贷款最大限额还可以在此基础上增加 25%。

3. 非住宅建筑改建成住宅的住宅复原援助计划（Residential Rehabilitation Assistance Program-Conversion）

非住宅建筑改建成经济型的独立出租屋时，该计划将提供经济援助，以帮助低收入家庭建设合适的住宅。该计划的覆盖群体主要包括拥有非住宅建筑，并需要把非住宅建筑改建成经济型出租房屋的私人企业家和非营利公司合作社。同时申请资格还受到以下条件限制：改建必须符合环境安全的要求，原有建筑必须适宜改建成住宅，依靠改建后所约定的租金能够获得经济收益等。

援助资金标准与低收入私房屋主的住宅复原救助计划相同。

4. 第二套间或花园套间的住宅复原援助计划（Residential Rehabilitation Assistance Program-Secondary/Garden Suite）

加拿大抵押与住房公司通过提供经济援助为低收入老年人或是残障成年人提供第二套间或花园套间的方式，使他们能够找到适合自己的住房以独立生活。

就申请资格而言，获得该援助需要满足下列条件：拥有住宅产权的私房屋主或私人企业家，且该住宅的独立房屋是出租给低收入老年人或残障成年人；个人需同意签订经营协议以确定租约期间所收取的租金标准；申请人必须承诺新建设的独立房屋也将出租给家庭收入低于加拿大抵押与住房公司设定标准的房客等。

所有涉及建设第二套间或花园套间的费用都可以申请该项援助计划。在援助资金上，申请人所能获得的最大单项贷款额度为 6 万加元，为可免除贷款；北部偏远地区所能获得的单项贷款最大限额为 7.5 万加元。

5. 为残障人士提供的住宅复原援助计划（Residential Rehabilitation Assistanec Program-Disabilities）

加拿大抵押与住房公司为私房屋主和房东所进行的为方便残障人士出入建设与改造活动提供财务援助。该援助计划的覆盖群体主要是那些为方便残障人士进出而进行房屋改造的屋主或房东。就申请资格而言则需满足以下条件：房屋用于租赁且租金低于当地所确定的标准；房屋用于出租给低收入的残障人士；房屋需符合健康和安全的最低标准等。

为残障人士提供的住宅复原援助计划所包含的改造项目如下：所有改造必须能够改善残障人士进出的便利性，如对坡道、扶手、升降椅、浴室承重量，以及对厨房工作台面高度、门铃火警安装高度的调整等；所有的改造项目都必须能够达到健康和安全的最低标准。矫正设备、支撑设备以及像助步架、轮椅等可移动辅助设备则不在援助计划范围之内。

从援助方式和援助水平来看，以可免除贷款的形式提供，目前申请人所能获得的最大单项贷款额度为 6 万加元，其中北部偏远地区所能获得的单项贷款最大限额还可以在此基础上增加 25%。

二、老年人独立生活家居改善计划（Home Adaptation for Seniors' Independence）

为帮助低收入老年人能够在家中独立安全生活，屋主或房东需要对房屋进行必要的修建活动。该计划旨在对这种修建活动予以必要的财务援助。

在覆盖群体上，屋主或房东需要符合以下条件才能获取援助：

（1）房屋居住者必须是 65 岁及以上的老年人；（2）居住在房屋内的老年人由于年龄增大导致日常生活不便；（3）家庭总收入低于该计划所限定的地区限额；（4）该房屋是一个永久性居所。

对于符合老年人独立生活家居改善计划援助条件的房屋，加拿大抵押与住房公司将以可免除贷款的形式提供最高限额为 1 万加元的贷款，其中北部偏远地区的最高贷款限额为 1.25 万加元。如果屋主承诺连续 6 个月居住在该房屋内，则贷款可以不必偿还。

获得老年人独立生活家居改善计划援助的房屋修建项目必须能够提高老年人日常生活的便利性，如扶手的安装、厨房内便利的操作和储藏方位的调整、门上的横柄拉手以及浴室门把手的安装等，且所有修建项目都必须是永久固定性的。但是，所有在援助计划未得到批准之前所进行的修建活动均不在能够获得援助的范围之内。

三、庇护所改善计划（Shelter Enhancement Program）

加拿大庇护所改善计划是为那些收留家庭暴力受害者的现有庇护所进行的必要修理、复原和改造活动提供经济援助，同时也购买或建设新的庇护所和二级收容所。

从覆盖群体来看，符合条件的申请人包括非营利公司或者收留家庭暴力受害者的慈善团体。由于援助的方式为资金援助，因此主办者必须获得能够为应急庇护所运营提供援助的担保。对于二级收容所，也需预计居住者能够支付一定的租金，从而弥补项目的运营成本。

在申请资格上，庇护所改善项目要满足以下条件：（1）为保证现有应急庇护所和二级收容所符合最低健康和安全标准所进行的修理工作；（2）为了提高残障人士进出便利性所进行的改造活动；

（3）为了给孩子提供安全的玩耍区域或者为了满足必要的安全标准所进行的修复工作。

从资金方面来看，庇护所改善计划包括两种类型的项目：（1）新建项目，该类项目加拿大抵押与住房公司可以提供 100% 的项目资金援助，并且必须有 15 年期限的抵押贷款来担保；（2）修复项目，该项目所能获得的最大可免除贷款限额为 6 000 加元，北部偏远地区所能获得的最大单项贷款还将在此基础上增加 25%。但是，所有在援助计划未得到批准之前进行的任何房屋改善活动均不在能够获得援助的范围之内。

四、应急修理项目（Emergency Repair Program）

应急修理项目通过加拿大抵押与住房公司所提供的经济援助，帮助低收入家庭对房屋进行必需的应急修理，以保障他们能够继续安全地居住在房屋内。就覆盖群体而言，家庭收入不超过应急修理项目所限定地区限额的私房屋主或居住者都有资格申请该援助计划。从修理的内容上，只有那些为使房屋更加安全的应急修理项目才符合援助条件，具体包括：取暖系统，烟囱，门窗，基础设施，屋顶、墙壁、楼板和天花板，排气口、天窗，管道排放，电力系统等。另外，需要注意的是，所有在援助计划未得到批准之前进行的房屋应急修理活动均不在能够获得捐助的范围之内。

应急修理项目的援助资金以无须偿还的捐助形式提供，所能提供的单笔最大捐助限额为 2 万加元，北部偏远地区所能获得的单笔最大捐助还将在此基础上增加 25%。

五、自主改进房屋计划（Homeowner Residential Improvement Program）

为那些与加拿大抵押与住房公司签订协议，通过自主修复房屋来改善居住条件的居住者提供经济援助的住房保障计划称为自主改进房屋计划。该计划覆盖的群体主要是在服从和遵守现行协议下非营利住房项目中的社会住房居住者。房屋必须是缺少必要装备或是需要重大维修时才有资格获得援助计划，具体维修内容包括：修理、更换或建设已经老旧的房屋主体，为提高能源利用效率的改进措施，为方便残障人士出入所进行的改造活动，为解决人员拥挤而建设的卧室或第二套间，对主体和功能已经废弃的房屋进行的重建活动等。

在援助资金上，以无偿捐助的形式提供援助，申请人所能获得的单项最大捐助限额为6万加元，北部偏远地区所能获得的单笔最大捐助还能在此基础上增加25%。但是，任何在申请未获得正式批准之前进行的房屋维修活动都不在能够获得捐助的范围之内。

第四节　加拿大政策性住房抵押贷款保险制度

房屋由于造价高、价值量大等原因，购买住房已经成为普通民众日常生活中的一项巨大支出，很多工薪阶层甚至无法通过自己的收入独立购买一套房屋。这就需要一套完善而有效的金融政策和信贷体系来支持普通民众购买住房的活动。加拿大住房抵押贷款保险制度实行的是政策保险与商业保险相互结合的模式，本节着重介绍加拿大的政策性住房抵押贷款保险。

加拿大政策性住房抵押贷款担保机构是加拿大抵押与住房公

司,该公司成立于 1944 年,是政府独资企业。在公司建立初期,主要职能是为退伍军人修建住房;自 1954 年起,加拿大抵押与住房公司被授予为中低收入者提供住房贷款担保的权利。加拿大政府财政为加拿大抵押与住房公司注册资金 2 500 万加元,公司为被担保对象提供 100% 担保。政策性住房抵押贷款具有以下特点:

(1) 加拿大抵押与住房公司发放的住房抵押贷款所直接考核的对象不是申请住房贷款的个人,而是经办住房贷款的银行。公司通过对银行等金融机构基本情况的考察,如对资产、负债、网点数量的考察,判断其是否具有发放抵押贷款的资格。与符合条件的银行签订协议后,抵押与住房公司将对该银行发放的低首付住房贷款提供全额担保。

(2) 住房抵押贷款的具体审批权力由银行等金融机构掌握。贷款银行将根据住房市场情况和贷款人的资信能力做出判断,以决策是否发放贷款。一般对借款人的消费支出比和债务收入比都有严格的要求,上限分别是 32% 和 40%。[①]

(3) 住房抵押贷款出现违约后的 3 个月内,贷款机构负责催还。当逾期超过 3 个月时,贷款和所抵押住房一并转入加拿大抵押与住房公司由其处理。

加拿大抵押与住房公司为首付比例低于 20% 的住房贷款提供 100% 的担保,包括借款人拖欠费用、贷款余额、法律成本和利息成本等。

政策性住房抵押贷款保险的最低首付要求取决于房屋的购买价格,对于购买价格在 50 万加元以下的,最低首付为 5%;当房屋购

---

① 林丽苹. 中低收入者住房抵押贷款政府担保研究 [D]. 成都:西南财经大学,2012.

买价格超过 50 万加元时,最低首付是房屋总价格的 5% 以及剩余部分 10% 的总和。政策性住房抵押贷款保险只适用于购买价格或修缮价格低于 100 万加元的房屋。住房贷款政府担保是根据首期付款比例确定担保费率,首期付款比例越高,担保费率越低。具体费率标准见表 6—1。

表 6—1 加拿大住房抵押贷款费率标准 单位:%

买房贷款担保率标准		出租住房建设贷款担保费率标准	
首付款比率	费率标准	首付款比率	费率标准
30	0.5	—	—
25	0.75	25	1.50
20	1.25	20	1.75
15	2.0	15	2.00
10	2.5	—	—
5	3.75		

在收取巨额担保费用之后,担保费的保值增值工作变得尤为重要。加拿大抵押与住房公司一方面将保费集中起来设立担保投资基金,成立专门的担保基金投资操作室负责基金的投资运营。担保基金的投资渠道也在不断扩大,投资活动日趋市场化,除加拿大政府债券外,还投资国外政府债券和公司债券等。另一方面,加拿大政府通过贷款人缴纳的担保费用所形成的现金流发行证券。政府引入住房抵押贷款证券化业务从 20 世纪 80 年代开始,加拿大直接将贷款机构作为发行机构,在加拿大抵押与住房公司的担保下直接发行证券。

作为社会福利政策重要组成部分的保障性住房,是加拿大福利国家理念的重要体现。加拿大联邦政府在保障性住房相关的法案制定、价值理念、体系设计、管理机制、金融信贷体系建设、多方参与等方面的成功经验一直被其他国家广为学习。

第七章
加拿大社会救助体系

社会救助是一项积极的公民权利，旨在帮助陷入困境中的公民摆脱困境、谋求发展。加拿大曾经是英国殖民地，在社会救助方面受《济贫法》的影响很大，社会救助的覆盖范围长期较为狭窄，仅限于孤儿、流浪儿童等特殊困难群体，并通过教会和慈善组织开展救助活动。20世纪30年代开始，伴随着福利国家建设进程加快，加拿大的社会救助体系建设开始转变观念、扩大范围，重点向普遍性和公平性发展，到20世纪70年代，加拿大社会救助体系已实现制度化、机构化，并开始强调促进公民的自我发展，倡导公民积极地对社会关爱进行回报，取得了重要成效。

第一节 加拿大社会救助体系概述

一、覆盖范围

社会救助体系是加拿大社会保障制度的重要内容，也是加拿大社会政策的最后一道安全网。加拿大社会救助体系主要为受助者提供收入支持、经济救助、社会福利等项目。当个人和家庭出现危及生存的经济困境时，省（地区）政府提供的社会救助项目通过经济救助、食物供给以及其他一些维持其基本生存需要的救助服务，帮助陷入困境中的居民维持基本生活。

一般而言,当个人和家庭户主基于其生存需要而申请社会救助时,都会获得相应救助,救助水平维持在生存需要的水平;有能力就业的申请者必须参加一项或多项就业活动,才有可能申请到经济救助;多数社会救助项目要求申请者按照年龄顺序进行优先排序,并且接受援助福利时必须是当地居民。个人申请社会救助时,还必须满足下列条件之一:(1)本人是加拿大公民;(2)本人是《移民和难民保护法案》要求的合法永久居住者;(3)本人做了难民申明或者已经被《移民和难民保护法案》认可提供政治避难的人。

申请人在申请社会救助时,需要提交以下材料:(1)提交完整的申请表格;(2)提供相关文件与必要信息以证明本人的资格,比如贫穷年限、残疾医疗证明、付款票根等;(3)与有关部门当面讨论家庭的经济情况和社区状况;(4)向政府提供有关家庭收入或其他情况的证明材料;(5)承诺在受助过程中,当受助基本条件发生变化时,及时报告政府有关部门。

二、建设历程

加拿大现代社会救助体系建设始于20世纪30年代,并在第二次世界大战后得以快速发展。20世纪五六十年代,为了建立国家社会救助项目,加拿大联邦财政向健康和社会转移支付项目注入资金,并建立联邦—省(地区)财政责任分担机制。1966年,加拿大救助计划(CAP)正式建立,同时确立了救助项目的成本分担机制;1977年,加拿大财政支持直接项目(EPF)取代了之前通过健康和教育项目提供救助的方式。联邦财政利用EPF项目,采用税收或现金支付的方式对救助对象进行收入的转移支付。在社会救助采用税收和直接现金转移支付的项目中，不同省（地区）各项目的人均转移支付额基本一致，但税收转移额度的高低与当年国家经济发展水平相联系，现金转移支付额度随着项目的不同而改变。

现在的加拿大社会救助体系主要由加拿大健康转移支付（CHT）和加拿大社会转移支付（CST）组成。1984 年,《加拿大健康法案》颁布，确立了健康救助的普遍性、可得性、可能性、深入性以及公开管理等五个基本原则，医疗卫生救助的财政支持计划正式成立。1995 年，联邦政府财政预算宣布，加拿大救助计划和财政支持计划合二为一，合并后称为加拿大健康和社会转移支付计划（CHST），为省（地区）的公众健康、高等教育、社会救助以及社会服务项目提供资金支持。

2000—2003 年，加拿大各级政府就加强加拿大公共健康系统达成共识，开始注重该系统的问责制与透明性，希望利用五年时间建设新的健康支付计划，为加拿大人提供基本的健康照料、家庭照料以及大病药物救助。2004 年 9 月，加拿大总理签署《加强公共健康十年计划》，加拿大中央政府利用十年时间，每年以 6％的增长速度加大对省（地区）财政的支持力度，以提高健康转移支付项目的支持额度。2011 年 12 月，加拿大政府宣布加拿大健康转移支付项目将继续以每年 6％的速度增加投入，直到 2016 年；从 2017 年开始，加拿大健康转移支付项目将以三年 GDP 均值速度保持投入的增长，但至少保证年均 3％的增速；到 2024 年，加拿大联邦政府会重新评估健康转移支付和加拿大社会转移支付计划，以做出未来健康转移支付项目财政投入增长率的决策。

加拿大社会转移支付（CST）是加拿大中央政府为支持地方政

府社会救助、大学教育、社会服务、儿童早期发展教育及婴幼儿照护等一系列活动，由联邦政府财政根据服务人数不同，直接转给省（地区）财政转移的资金。2007年8月，加拿大社会转移支付人均687加元；2008年9月，为每个孩子的大学教育户头人均支付800加元，为建设幼儿照护室又额外人均支出250加元。从2009年10月开始，加拿大社会转移支付以年均3%的速度开始增长，一直增长到2014年。

表7—1是两项社会救助计划下加拿大联邦政府对省（地区）财政转移支付的额度。图7—1是加拿大社会救助体系中健康和社会转移支付项目的发展历程。

表7—1　　　　加拿大中央财政对省（地区）转移支付额度　　单位：百万加元

年份 项目	2007	2008	2009	2010	2011	2012	2013	2014	2015	2016
CHT	21 729	22 768	24 476	25 672	26 952	28 569	30 283	32 113	34 026	36 068
CST	9 607	10 552	10 857	11 179	11 514	11 859	12 215	12 582	12 959	13 348
其他	15 767	16 438	52 735	55 281	57 740	60 085	62 297	65 029	68 012	70 948
合计	47 103	49 758	88 068	92 132	96 206	100 513	104 795	109 724	114 997	120 364

注：因四舍五入原因，可能存在加总不绝对相等的情况。

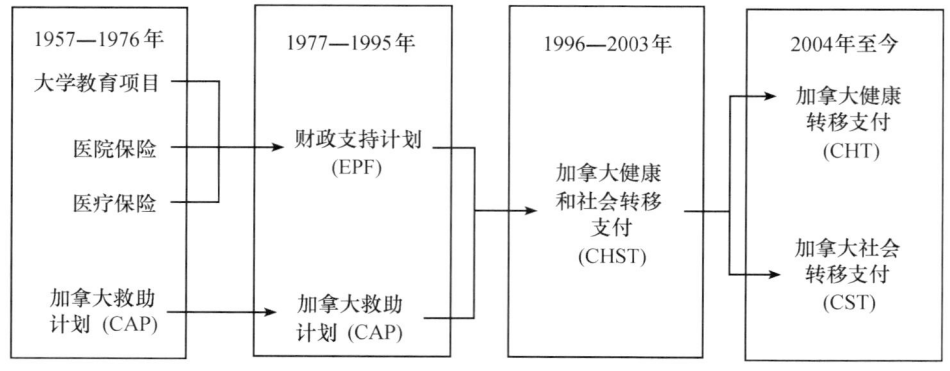

图7—1　加拿大社会救助体系中健康和社会转移支付项目的发展历程

第二节　加拿大社会救助的主要内容

一、保障对象

加拿大社会救助的受助人群主要分为六类：短期失业人群、单亲家庭、残障人士、长期失业人群、低收入老年人以及学生。

1. 短期失业人群

加拿大各级政府均采取一系列措施帮助短期失业人群维持基本生活，重新找到工作，重返劳动市场。这些措施包括不同程度的资产和所得税的豁免、低水平的失业救助以及就业培训服务与项目支持。申请失业救助者需要签署并遵守一份合同，要求青壮年劳动力要承担接受培训和复职的义务。申请失业救助者需要满足以下条件：（1）失业是非自愿的；（2）本人愿意做其力所能及的工作，或者愿意参加知识更新、再培训或者其他方式能够获得工作的援助；（3）本人已竭尽全力保住其工作。满足上述条件的短期失业者才有申请到失业救助的资格。

2. 单亲家庭

单亲家庭申请社会救助的条件之一是承担抚养孩子的一方必须向未承担抚养孩子一方或者法律监护人就要求承担抚养责任一事提起法律诉讼；如果抚养孩子的一方不愿意提起法律诉讼，可以将诉讼的权利转交给政府。一般情况下，单亲家庭会被默认为父母与孩子都是身心健康的，并且单亲父母有就业能力。因此，一旦孩子达到一定年龄，单亲父母必须寻找就业机会。提起诉讼并判决后，单亲家庭抚养孩子且接受另一方的经济支持后仍然为低收入群体的，可获得单亲家庭救助。

3. 残障人士

当申请者因残障原因提出社会救助时，必须出具医生健康诊断书，诊断书需明确指出申请者的残疾程度以及恢复的可能性，作为残障人士的残疾证明，且残疾证明需每年提交。当残疾症状非常明显时，残疾证明也也可以豁免提交。加拿大所有社会保障计划都针对残疾人设立了专门项目，包括更高水平的资产和收入豁免，更高待遇的援助水平，以及残疾特殊津贴、健康和医疗补充福利等。

4. 长期失业人群

长期失业人群是指因出现多重严重困难而很难寻找和维持工作的劳动者，加拿大社会救助制度会给他们提供更高水平的福利和税收豁免。这里所说的多重严重困难，包括药物滥用造成的严重后果、照料儿童、交通事故、有长期失业历史以及就业能力低下等。符合条件的长期失业人群需要外界对他们的困境进行干涉，以此帮助他们找到和维持工作。

5. 低收入老年人

老年人可以享受老年保障金、老年收入保障补贴等福利项目，但仍有可能陷入收入型贫困，此时可以申请社会救助。针对老年人因年龄增长而出现一些特殊需求，造成经济困难、因家中经济独立管理或者不符合老年社会福利资格造成收入较低等情况，加拿大省（地区）政府为低收入老年人建立了高水平的基本社会救助或者其他特殊救助。

6. 学生

一般情况下，学生在大学、学院以及职业院校学习时，不能申请特殊社会救助。但在学习阶段，如果因家庭收入较低需要经济援助，他们可以向贷款组织申请贷款豁免或利息豁免的经济资助。

二、申请资格

加拿大社会救助对申请者最基本的要求是低收入，核查的重点也是申请者的收入情况。在收到申请者诉求之后，加拿大有关机构会对申请者本人或者其家庭做一个详细的收入调查。调查机构会调查申请者或其家庭的基本需要，并对其经济收入和资产情况进行评估，确定申请者自给自足的能力，核定申请人是否需要社会救助。

1. 资产

作为社会救助供方（政府或提供社会救助的社会组织）的权力之一，家庭的资产会被考虑享受税收豁免或者不享受税收豁免。在多数省（地区），流动性强的资产被定义为随时能够转变为现金的资产，包括现金、银行存款、股票、债券或者其他有价证券，申请社会救助的家庭或者个人可以享受潜在的或者实际的流动资产的一定豁免权。在计算时，流动资产计算总额可以扣除人寿保险的现值部分。一家之主在申请社会救助时，并不需要卖掉他的家庭住所和家庭财产，只要其交通工具没有超过规定范围，申请者也不会被要求卖掉基本交通工具。

对待资产是否核算在社会救助允许的资产范围内，不同省（地区）的规定有所差异。如退休储蓄计划（RRSP）和教育储蓄计划（RESP）等的资产处理方式在不同省（地区）之间就不一样。如果申请者为了能够申请到社会救助而采用任何方式处理财产，根据情节不同，他的社会救助将被分别处以保留、减少或者终止的处理。

2. 收入

在申请和计算社会救助时，所有渠道的收入都会被调查。以下收入可以享受部分或者全部豁免：加拿大儿童税收福利、儿童福利支付、家庭养育支付、消费税（GST/HST）退税、保险、中央赔偿支付、工资强制性扣除部分、赠予与继承财产，以及学生的全职工作收入。在多数省（地区），工资收入享有部分豁免的权利，工资豁免可以激励低收入者重新获得经济独立性。但是，只有在社会救助的初始资格被确立后，工资豁免的权利才会生效。

其他非劳动所得收入，如就业补偿福利与养老金，在计算社会救助收入时，不在豁免或者部分豁免范围内。还有一些地区性社会救助收入核查机构在进行经济资格条件审查时，将预期收入纳入家庭收入范围内，虽然实际上家庭并不一定当下收到过这笔收入，但对未来的合理预期，家庭能够收到的概率很大，如作为看管或者管理服务补偿的免费住宿等。

三、救助内容

加拿大社会救助的内容主要分为四类：基础救助、特殊需要救助、过渡性救助以及指数化救助。基本救助为个人和家庭提供维持基本生存需要的物品、服务以及补贴；特殊需要救助为因特殊原因需要被救助的人群提供的特殊物品、特殊服务和特殊津贴；过渡性救助为受助者从受助到工作提供了缓冲地带，减少其因工作而产生的经济不利影响；指数化救助是对原有救助水平进行调整的一种方式。

1. 基础救助

基础救助是申请者食物、住房、衣物、个人和家庭必需品以及其他特别物品的开支。通常有以下三种基本方法来计算个人或者家庭的救助水平：（1）欲加预算法。所有的非住房需求都会被单独算成津贴，住房补贴会被单独提供。（2）逐项预算法。为每一个住房或者非住房需求提供了补贴标准，单个所需物品的总和就是家庭或者个人的社会救助需求水平。（3）平均援助法。基于家庭的住房和非住房需求项目和结构，提供一个统一补贴标准。基础救助中的住房救助补贴额度受到很多因素的影响，如申请者家庭成员数量、居住类型、交通费用和公用事业支出等。在部分省（地区），住房补贴额度取决于地理位置、相对偏远程度，根据地理位置与偏远程度不同，省（地区）政府确定申请者家庭的住房补贴数额。

2. 特殊需要救助

特殊需要救助提供给申请者因年龄、残疾、失业、教育、培训以及其他特殊情况下所需要的物品、服务以及补贴。在每个省（地区），特殊救助项目都会有所不同，交通补贴、失业救济金、儿童照料津贴、药品和医疗服务、家具更换、小笔家庭维修补贴、特殊饮食补贴、上学补贴以及丧葬服务，这些都是特殊需要救助补偿的范围。在具体申请时，一般根据当地的申请政策和指南，一一核对需要申请的物品和服务。

3. 过渡性救助

过渡性救助设计的初衷是提高劳动力市场的积极性，降低失业人群对社会救助的依赖，减少接受社会救助到就业之间过渡的经济影响。在部分地区，社会服务部门为了提高就业与再培训的参与度，提高了儿童照料和交通补贴的额度。不仅如此，在脱离社会救助福利后，延期的医疗卡和补充健康福利仍然有效，以此降低就业后对享受社会救助者带来的经济收入波动。

4. 指数化救助

每个省（地区）都有权决定是否对低收入者享受社会救助的水平进行指数化调整。多数地区根据当地的一些特殊需要调整救助的水平。如魁北克省周期性地调整其经济援助项目指数，对于因严重困难而造成的失业救助补助金，魁北克省会根据个人税务系统增减指数进行调整。

第三节 社会救助的省级实践

一、萨斯喀彻温省社会救助

萨斯喀彻温省是加拿大一级行政区（省级），省会城市是里贾纳。萨斯喀彻温省面积65.19万平方千米，占全国面积6.5%；人口总数约120万人，60%以上的人口居住在城市。

在萨斯喀彻温省，个人和家庭因残疾、疾病、收入低、失业等原因不能满足自身的基本生存消费时，可以向当地社会服务部门申请萨斯喀彻温救助项目（SAP）。该项目根据1978年颁布的《萨斯喀彻温援助法案》实施，旨在为需要救助的个人或家庭提供基本的收入支持，解决他们的基本生存问题。任何因经济需要产生的援助申请都可能被批准。相关部门在进行评估时，会对申请者的可获得资源与经济能力进行评估，当其经济能力无法获得所需要的资源时，申请者就可能被施以经济救助。

萨斯喀彻温省的救助项目提供了包括食物、衣物、交通以及个人和家庭物品在内的成人资助。除此以外，根据社区不同，救助项目还可能会提供住房保障，且不会考虑申请者是否独居、就业能力以及家庭规模。

萨斯喀彻温省 2003 年引进过渡就业津贴制度（TEA）。该制度是为了资助那些参加就业培训项目和服务的失业者。一些想工作并且正在找工作的人也可以申请这项救助。受助者可以得到包括食物、住房、医疗以及公用事业在内的多重救助，以满足受助者的基本需要。为了满足受助者每月的日常需要，通常受助者也会被建议去申请社会福利项目。所有享受过渡津贴福利制度的人也会被补充健康项目所覆盖。

萨斯喀彻温省残疾保障收入计划（SAID）是独立于萨斯喀彻温救助项目之外，旨在为出现严重、持久残障状况的人提供的一份额外补贴。该计划是与残疾人社区一起合作设立的，最初于 2009 年引进，为当地残障人士提供居家关怀。2012 年 6 月，萨斯喀彻温残疾保障收入计划将保障人群扩大到所有独居的残疾人。从 2011—2012 年，6 500 名享受过萨斯喀彻温救助项目的残疾人被纳入了萨斯喀彻温残疾保障收入保障范围。在考察评估申请者资格时，除了要评估申请者的残疾程度，经济状况也是萨斯喀彻温残疾保障收入计划的重要考量指标，根据评估结果决定为残障人士提供住房补贴、残疾人特殊需要补贴以及补充健康项目。

萨斯喀彻温省社会救助项目受益人数统计见表 7—2。

表 7—2 显示，1996—2014 年，萨斯喀彻温省社会救助项目救助的家庭与人数基本在不断减少。其中，救助家庭从 1996 年 38 900 户降低到 2014 年 28 949 户，年均减少 1.63%；受助人数从 79 685 人减少到 47 164 人，年均递减 2.87%。同样援助减少的还有 SAP 项目。2002 年以前，萨斯喀彻温省社会救助只有 SAP 这一个项目，因此受众群体巨大。但是 2002 年之后，随着过渡就业津贴制度与萨

表 7—2　　　　　萨斯喀彻温省社会救助项目受益人数[①]　　　　单位：户，人

项目 年份	SAP		TEA		SAID		合计	
	户数	人数	户数	人数	户数	人数	户数	人数
1996	38 900	79 685	—	—	—	—	38 900	79 685
1997	37 190	75 886	—	—	—	—	37 190	75 886
1998	34 842	68 560	—	—	—	—	34 842	68 560
1999	34 249	64 993	—	—	—	—	34 249	64 993
2000	33 363	62 241	—	—	—	—	33 363	62 241
2001	31 821	58 699	—	—	—	—	31 821	58 699
2002	29 554	54 225	777	1 231	—	—	30 331	55 456
2003	27 549	49 770	1 382	2 469	—	—	28 931	52 239
2004	26 818	47 513	1 470	2 670	—	—	28 288	50 183
2005	22 780	38 810	4 519	8 750	—	—	27 299	47 560
2006	21 780	34 804	5 861	11 542	—	—	27 641	46 346
2007	22 123	36 665	3 839	7 094	—	—	25 962	43 759
2008	21 766	35 843	2 646	4 870	—	—	24 412	40 713
2009	22 149	36 738	2 921	5 338	1 994	2 003	27 064	44 079
2010	20 915	35 858	3 255	5 875	2 687	2 698	26 857	44 431
2011	20 859	35 953	2 493	4 734	3 142	3 157	26 494	43 844
2012	17 383	31 757	1 948	3 730	7 357	8 397	26 688	43 884
2013	14 485	28 111	1 950	3 761	11 386	13 588	27 821	45 460
2014	14 077	27 861	1 933	3 758	12 939	15 545	28 949	47 164

斯喀彻温残疾保障收入计划的相继出台，萨斯喀彻温救助项目人数进一步减少。从1996—2014年，救助项目援助人数从79 685人减少到27 861人，年均递减5.67%。

社会救助方面，2007—2016年萨斯喀彻温省接受联邦财政资金转移支付统计见表7—3。

---

① 数据来源：http://www.canadasocialreport.ca/SocialAssistanceSummaries/All.pdf.

表 7—3 2007—2016 年萨斯喀彻温省接受联邦财政资金转移支付统计①

年份 项目	2007	2008	2009	2010	2011	2012	2013	2014	2015	2016
CHT（百万加元）	756	756	843	824	850	906	973	1 013	1 076	1 145
CST（百万加元）	335	335	335	342	353	371	384	397	410	424
均衡调整（百万加元）	226	—	—	—	—	—	—	—	—	—
转移保护（百万加元）	—	—	—	7	—	—	—	—	—	—
合计（百万加元）	1 317	1 090	1 178	1 174	1 204	1 277	1 358	1 411	1 486	1 568
人均（加元）	1 316	1 073	1 141	1 118	1 130	1 177	1 229	1 259	1 312	1 366

表 7—3 显示，联邦政府向萨斯喀彻温省进行的社会救助性财政转移支付呈逐年递增状态，合计资金从 2007 年的 1.32 亿加元增长到 1.57 亿加元；人均从联邦政府财政转移支付中获得的社会救助收入基本保持稳定，在 1 300 加元左右。

二、魁北克省社会救助

魁北克省位于加拿大东南部，是加拿大面积第一大省，为 166.7 万平方千米，人口 820 余万人，超过 80% 的人口为法国后裔，是北美地区的法国文化中心，官方语言为法语。

在加拿大魁北克地区，比较著名的省级社会救助项目是"最后的救命钱"援助项目（LRFA）。该项目主要依据当地的《个人和家庭救助法案》与《个人和家庭救助规定》设立实施，包含了社会救助项目（SAP）和社会凝聚项目（SSP）两个子项目。

"最后的救命钱"援助项目仅向成人提供基础福利，儿童的基础福利则是通过其他渠道提供。1997 年 9 月到 2005 年 1 月，儿童

---

① 数据来源：http://www.fin.gc.ca/fedprov/mtp-eng.asp#Saskatchewan.

基础福利是通过魁北克家庭福利计划进行提供；从 2005 年 1 月以后，儿童基础福利则是通过儿童资助项目（CAM）提供。

魁北克社会凝聚项目是为不完全具备工作能力的人而设计。要想得到社会凝聚项目津贴，必须提供相关的医院诊断书。诊断书需明确指出申请者存在严重的生理或心理障碍，该障碍将不会康复或在短期内不会康复。申请者除了要提供相关的医疗诊断书，还需提供相关的社会文件表明相关情况，比如上学少、没有工作经验等，以此证明他们或者他们的配偶不完全具备工作能力。

魁北克省 SAP、SSP 项目受益情况的统计数据见表 7—4。

表 7—4　　　　魁北克省 SAP、SSP 项目受益情况[①]　　　　单位：人

项目 年份	SAP		SSP		总计	
	申请人次	受益人数	申请人次	受益人数	申请人次	受益人数
1997	337 681	613 626	111 548	137 244	449 229	750 870
1998	301 896	539 593	115 115	140 847	417 011	680 439
1999	278 326	489 087	117 815	143 023	396 141	632 110
2000	256 641	445 626	119 883	144 517	376 523	590 142
2001	241 984	415 886	122 011	146 961	363 995	562 235
2002	234 209	398 614	123 954	147 987	358 164	546 600
2003	228 822	385 299	124 663	147 969	353 485	533 268
2004	224 006	374 278	124 681	146 961	348 687	521 239
2005	215 623	358 242	125 691	147 503	341 314	505 745
2006	211 823	349 398	126 872	148 402	338 695	497 800
2007	206 149	339 002	128 785	150 327	334 934	489 329
2008	200 830	329 809	129 571	150 621	330 401	480 430
2009	205 698	336 554	129 407	149 593	335 105	486 148
2010	205 116	334 482	129 675	149 251	334 791	483 733

① 数据来源：http://www.canadasocialreport.ca/SocialAssistanceSummaries/All.pdf.

续表

项目\年份	SAP		SSP		总计	
	申请人次	受益人数	申请人次	受益人数	申请人次	受益人数
2011	201 438	326 070	129 269	147 852	330 707	473 922
2012	194 313	313 379	128 813	146 420	323 127	459 799
2013	191 392	305 388	128 209	145 196	319 601	450 584
2014	193 619	303 036	127 503	144 066	321 121	447 102

表7—4显示，1997—2014年，魁北克社会救助项目累计救助959万人次。其中，2014年共救助44.7万人次。纵观近20年，魁北克社会救助保障人数稳步减少，年均减少率为3.0%。与此趋势一致的是SAP救助人数也在不断减少，从1997年救助61.3万人减少到2013年的30.3万人，减少人数超过一半。社会凝聚项目救助人群并没有发生太大变化，从1997—2014年，接受救助人数经历先增长后下降的趋势：2008年，接受该项救助的人数达到峰值，为15万；2014年，接受该项救助的人数为14.4万，仅比1997年多出6 822人。

第八章
加拿大社会福利体系

第二次世界大战之前,加拿大的社会福利主要以慈善、救助或其他形式的社会再分配活动形式出现;第二次世界大战之后,加拿大通过立法,将实现充分就业和制定社会福利政策为己任,采取了以社会保障为主的福利措施,走向"福利国家"阶段。广义的社会福利包括一切国家和社会为提高居民生活质量而采取的社会政策;狭义的社会福利定位为除社会保险和社会救助制度以外的能够满足社会成员需要的福利措施和制度。本章采用狭义社会福利的概念,介绍加拿大除社会保险和社会救助之外的社会福利项目。

第一节 加拿大社会福利体系构成

加拿大是一个高福利国家。现行的加拿大社会福利制度是从20世纪70年代中期以后逐步健全完善的,主要包括家庭福利、残障人士福利、老年福利以及受害者福利等内容。本书第二章对老年福利状况做了详细介绍,本章不再赘述。

一、家庭福利

加拿大家庭福利计划是政府为加拿大公民制定的以家庭为中心的一揽子福利集合。家庭福利涵盖内容丰富,涉及孕妇怀孕及生育、儿童成长及教育、儿童走失与夭折、房屋借贷、失业等。加拿大政府认为，家庭养育儿童是对社会的贡献，政府与社会应给予奖励和支持。家庭福利计划是以儿童为中心，致力于降低养育儿童成本，鼓励多生育的计划。其中，育儿福利是政府为育儿父母提供的产前培训教育、产后为人父母学习以及适龄儿童教育基金福利等一系列福利的总和，涵盖了父母从备孕到怀孕，再到生产、孩子上学，最后到孩子年满18周岁的整个过程，减少了父母生儿育女需要付出的家庭成本。特别需要指出的是，加拿大政府设立了遗失儿童基金，为遗失或夭折的儿童家庭提供一定的经济支持，彰显加拿大政府高度文明的一面。

二、残障人士福利

加拿大政府十分重视对残障人士的关心和关爱。首先，联邦政府在法律政策上给予残疾人充分的保障，包括残疾人的出行保障、就业保障以及收入保障。其次，政府大力鼓励支持无障碍设施扶助用具的发展与使用。工具只是延伸的人体器官，如果残障人士的功能性障碍能够用工具解决或者代替，那么残障人士就和普通人没有什么区别，所以加拿大社区无障碍设施普及率很高。

此外，为保障残障人士的基本生活，加拿大政府针对不同类型的残障人士设立了不同的残疾人福利津贴。针对伤残军人设立残疾人津贴与残疾人养恤金制度，作为对他们为国家服务所做牺牲的补偿；针对学生，设立加拿大永久性残疾学生资助计划，学生每年最高可以申请8 000加元的资助；针对25岁以下的残障群体，也在残疾人养恤金计划中做了特别规定，用以支持他们生活学习。

三、受害者福利

加拿大政府特别关注受害者权益是否得到维护和表达,所以政府设立了受害者基金,资助能够在此方面有所作为的非政府组织。受害者基金一般只资助机构组织,但是当加拿大公民在国外牵涉严重的犯罪,并作为受害者出现时,同样有机会获得该基金高达1万加元的支持。同时,该基金特别设立儿童保护中心。当儿童作为受害者或者证人牵扯到司法事件中时,该中心会通过各种方法最大程度保护儿童利益,减少他们在司法判决中受到的心理伤害。

第二节 加拿大家庭福利计划

一、育儿福利

生儿育女是女性对社会做出的独特贡献。根据加拿大人口统计数据,30岁以下人口呈现随着年龄增长而人数增多的状况,见表8—1。考虑到不同年龄组死亡率的差异,可以判断未来30年加拿大新生儿数量总体不容乐观。新生人口数量过少、增长过慢,将加速加拿大的人口老龄化速度,也会导致未来青壮劳动力减少,劳动力价格上涨。从国家长期发展来看,人口数量的不断减少将会影响国家的战略安全,危及国家的长治久安。

鉴于加拿大未来严峻的人口发展形势,加拿大政府十分重视育儿服务,为育儿父母提供了从孕前孕后的营养搭配,再到安全生产、登记注册,以及如何促进孩子的发展、培养孩子的行为、搭配营养而成为一名合格父母的全方位指导。其中最主要的福利项目是加拿大产前营养计划(CPNP)、加拿大教育基金计划(包括CLB、RESP、CESG三个项目)以及止于至善计划(NPP)。

表 8—1　　　　　　　　2016 年加拿大人口状况统计①　　　　单位：万人，%

性别分布 年龄组	频数			频率		
	全部人口	男性	女性	全部人口	男性	女性
总计	3 628.64	1 799.56	1 829.08	100	100	100
0～4	196.07	100.54	95.53	5.4	5.6	5.2
5～9	198.49	101.64	96.85	5.5	5.6	5.3
10～14	188.60	96.75	91.85	5.2	5.4	5
15～19	206.65	106.36	100.29	5.7	5.9	5.5
20～24	246.91	126.72	120.19	6.8	7	6.6
25～29	251.71	126.58	125.13	6.9	7	6.8
30～34	253.02	126.08	126.93	7	7	6.9
35～39	245.61	122.49	123.12	6.8	6.8	6.7
40～44	234.54	117.03	117.51	6.5	6.5	6.4
45～49	241.52	120.83	120.70	6.7	6.7	6.6
50～54	271.13	136.13	135.00	7.5	7.6	7.4
55～59	265.32	132.33	133.00	7.3	7.4	7.3
60～64	230.01	113.62	116.38	6.3	6.3	6.4
65～69	197.57	96.43	101.15	5.4	5.4	5.5
70～74	143.90	68.69	75.21	4	3.8	4.1
75～79	103.48	47.35	56.13	2.9	2.6	3.1
80～84	75.34	32.56	42.79	2.1	1.8	2.3
85～89	49.31	18.90	30.41	1.4	1.1	1.7
≥90	29.44	8.52	20.92	0.8	0.5	1.1

注：因四舍五入原因，可能存在加总不绝对相等的情况。

1. 产前营养计划

加拿大产前营养计划是通过为社区组织提供长期的资金资助以帮助他们发展或者扩大对孕妇、新生妈妈帮助的资金支持计划，目的是提高健康儿童出生率。根据居住地不同，产前营养计划提供的服务有所区别，但是基本囊括营养咨询、烹饪培训、直接提供食

---

① 数据来源：Statistics Canada，CANSIM，table 051-0001。

物、食物券或者维生素补充剂、母乳喂养教育支持、产前健康与孕妇生活方式咨询、婴儿保健和儿童教育发展等项目。该项目每年在全加拿大超过 2 000 个社区里服务超过 51 000 名准妈妈。①

加拿大产前营养计划特别关注处在各种困境中的弱势孕妇。她们可能因新晋移民加拿大、少女怀孕、贫穷、心理或地理的隔绝等诸多因素而处于困境，从而对她们本人及其孕育的胎儿带来危险。

2. 教育基金计划

加拿大教育基金计划由加拿大学习基金（CLB）、教育储蓄计划（RESP）和加拿大教育储蓄（CESG）三部分共同构成。

加拿大学习基金是加拿大政府为低收入家庭设立，在孩子高中毕业之前，政府在第一年补助 500 加元，然后每年补助 100 加元，直到孩子满 15 岁，累计上限是 2 000 加元。申请条件为：2003 年 12 月 31 日前出生，拥有出生证明和社会保险号，是教育储蓄计划的受益人，以及居住在加拿大。

教育储蓄计划是加拿大政府设立的教育储蓄账户，该账户本身并不存在任何收益，但是该账户是加拿大学习基金与加拿大教育储蓄的依托账户。相关教育基金的钱都会被汇入该账户。

加拿大教育储蓄是加拿大政府为鼓励父母为子女教育储蓄，每年在 RESP 孩子账户中汇入一定的教育基金。该项储蓄分为两部分，一部分是加拿大基础教育储蓄，是在家长首次为孩子 RESP 账户存入 2 500 加元的教育储蓄之后，政府每年都会为孩子的账户转入家长当年存款的 20%；另一部分是根据家庭收入状况不同，当家长在孩子教育储蓄账户储蓄 500 加元之后，政府会再为孩子的教育

---

① 数据来源：http://www.phac-aspc.gc.ca/hp-ps/dca-dea/prog-ini/cpnp-pcnp/index-eng.php.

账户转入10％或者20％的家长存款。当孩子年满17周岁开始做学徒，或在大学预科（CEGEP）、贸易学院、大学学习时，可以使用。政府为每位孩子一生提供的教育储蓄最高为7 200加元，这笔钱不能做别的用途，只能用来供孩子接受高等教育。家长无法将这笔钱提出来，只能由银行转入学生就读的高等教育机构。

3. 止于至善计划

止于至善计划旨在帮助5岁及以下儿童的父母学习更好地教育、照顾孩子的项目。该项目特别关注年轻、单身、心理或地理隔绝、低收入等情况下生育的父母。参加该项目的父母可以学习如何更加积极地育儿，加深父母对孩子健康、安全以及行为的理解，提高父母解决问题的能力，增加自助和互助，帮助他们联系社区服务和资源，防止家庭暴力。

通过不断完善育儿福利，加拿大妇女生育观念有所转变。近年来，加拿大新出生婴儿数量呈现逐年递增趋势。2011年加拿大新生婴儿378 840人，2015年新生婴儿392 902人，年均增长0.9％。虽然新生儿增长仍然比较缓慢，但是相比三十年来的新生儿出生数量不断下降的总体趋势，加拿大政府已经取得不错的成绩，见表8—2。

二、儿童福利

为鼓励生育，提升加拿大人口数量，加拿大政府为所有生育孩子的家庭及孩子本人提供了一整套福利计划。加拿大儿童福利主要包括六类福利计划：

（1）儿童税务福利计划（CCTB）。凡是有18岁以下儿童的父

表 8—2　　　　　　　加拿大各地区新生儿出生数量①　　　　　　单位：人

年度 地区	2011—2012年	2012—2013年	2013—2014年	2014—2015年	2015—2016年
加拿大全国	378 840	384 119	387 120	389 914	392 902
纽芬兰与拉布拉多省	4 371	4 370	4 334	4 287	4 235
爱德华王子岛省	1 404	1 311	1 309	1 305	1 306
新斯科舍省	8 911	8 751	8 678	8 649	8 670
新不伦瑞克省	7 246	7 010	6 911	6 809	6 718
魁北克省	88 450	89 090	88 250	87 000	86 850
安大略省	140 999	142 367	144 051	145 513	147 244
曼尼托巴省	15 983	16 500	16 777	17 065	17 372
萨斯喀彻温省	14 422	15 070	15 451	15 733	15 969
阿尔伯塔省	51 315	53 541	55 606	57 204	58 035
不列颠哥伦比亚省	43 768	44 137	43 776	44 354	44 495
育空地区	438	437	433	440	441
西北地区	708	689	687	687	685
努纳武特地区	825	846	857	868	882

母或监护人都可以领取，具体数额根据家庭收入以及居住地点有所区别。

（2）国家儿童福利补助（NCBS）。国家儿童福利补助是儿童税收福利的补充内容，从1998年开始实施。该计划规定凡年净收入不足21 214加元的家庭，不同孩子数目给予不同的经济补助，按月发放，且计入收入所得。

（3）联邦托儿津贴（UCCB）。政府向家庭内未满6岁的儿童父母按照分期提供的方式，每月支付一定津贴，用于儿童保育费用，但是该笔费用需要缴纳所得税。

（4）残疾儿童福利金（CDB）。照护18岁以下残疾儿童的家庭

---

① 数据来源：Statistics Canada，CANSIM，table 051-0004 and Catalogue no. 91-215-X.

将给予最高达 227.5 加元/月的补贴。这一补贴会按月汇入儿童税务福利计划账户。

（5）儿童特别补助（CSA）。儿童特别补助是加拿大政府支付给照护儿童的中央或者地方组织机构的补助，其金额等于儿童税务福利计划的最大额度与残疾儿童福利金之和，见表 8—3。

表 8—3　　　　　　2006—2016 年部分儿童统计①　　　　单位：加元/人·月

年度	CCTB	CDB	NCBS
2015.07 至 2016.06	312.50	224.58	160.00
2015.01 至 2015.06	307.25	220.83	160.00
2014.07 至 2014.12	307.25	220.83	100.00
2013.07 至 2014.06	304.50	218.83	100.00
2012.07 至 2013.06	298.50	214.58	100.00
2011.07 至 2012.06	290.42	208.67	100.00
2010.07 至 2011.06	286.33	205.83	100.00
2009.07 至 2010.06	284.66	204.58	100.00
2008.07 至 2009.06	277.66	199.58	100.00
2007.07 至 2008.06	272.58	195.91	100.00
2006.07 至 2007.06	266.66	191.66	100.00

（6）单身母亲津贴。加拿大政府为单身母亲提供了特别津贴。当单身母亲与孩子资产无法支付生活开支时，即可申请单身母亲津贴。

2016 年 7 月，加拿大政府出台新的"加拿大儿童福利计划（CCB）"，为减轻有儿童家庭的经济压力，帮助他们应对不断上升的抚养成本，加拿大儿童福利提供免税的定额补贴，并用此计划替代了之前的儿童税务福利计划（CCTB）、联邦托儿津贴（UCCB）以及国家儿童附加津贴（NCBS）。

---

① 数据来源：http://www.cra-arc.gc.ca/bnfts/cs/clc_2006_2016-eng.html。

新的儿童福利计划具有以下特点：（1）更加简单。多数家庭每个月都能收到一笔固定的财政补贴。（2）免缴个人所得税。在申报个人所得收入信息时，儿童福利补贴将免于征税。（3）贫富相济。中低收入家庭可以领到相比过去更高的补贴，而收入高于15万加元的高收入家庭，将领取更低数目的补助。（4）待遇水平更高。在2016—2017年，平均每个受助家庭福利将会提升将近每年2 300加元。根据居住地、收入以及18岁以下孩子数量不同，6岁以下儿童所在家庭每年最多可以领取6 400加元，6～17岁儿童所在家庭每年最多可以领取5 400加元。

申请加拿大儿童福利计划，必须满足的条件是：（1）与年龄低于18周岁的孩子共同居住；（2）必须是孩子的最主要照护和抚养人；（3）加拿大居民并履行纳税义务；（4）本人、配偶或者其他共同法律监护人必须是加拿大公民、永久居民、受保护的人、在加拿大已经居住18个月并且有第19个月合法居住的有效许可的临时居民或者是符合《印第安法案》相关规定的印第安人。

在核查申请人身份的基础上，加拿大税务机关会调查申请人的收入以及上一年度福利返还信息，计算返还个人的儿童福利补贴数额。个人每年都需要申报，即使当年没有收入也需要申报；配偶或共同法律监护人也必须每年上报。当年儿童福利补贴周期是从当年7月开始到下年度6月，根据这一区间的收入信息与上年度儿童福利补贴信息，计算当年儿童福利补贴额度。

加拿大新儿童福利计划实施后，90%的家庭将享受高于旧儿童福利计划下的补贴。随着新计划在全国的推广实施，与2014年相比，2017年预计将会减少30万贫困儿童。

三、遗失儿童基金

儿童走失是各国存在的普遍问题，会给家庭带来巨大痛苦。加拿大政府建立了遗失儿童基金（PMMC），为那些因孩子走失或者死亡而无法工作的父母提供资金支持。当孩子因为遭到刑事犯罪行为而过世或者消失，孩子在意外发生时未满18周岁，并且事件发生在加拿大当地2013年1月之后，就可以申请领取每周350加元的遗失儿童基金，领取时限不超过35周。

第三节 加拿大残障人士福利计划

加拿大残障人士多，残疾率高。2012年的统计数据显示，加拿大15岁以上总人口为3 129.2万人，其中残疾人口377.6万人，残疾人口占15岁以上总人口比率为12.07%，相对于同期中国2.28%高出了约10个百分点，见表8—4。正因为加拿大残疾人口数量多，规模超过国内人口的十分之一，加拿大政府十分重视残疾人福利项目建设。加拿大政府一方面通过设计涵盖不同残疾人群的资金补贴项目，保障残疾人的基本生活；另一方面也通过出台相关法律积极维护残疾人生存的其他权益，同时发展无障碍设施和用具，以减少残疾人功能性障碍带来的影响。

表8—4　　　　　2012年加拿大各年龄段残疾人分布[①]

年龄段	性别	残疾人（人）	残疾率（%）
15岁以上	合计	3 775 910	12.07
	男	1 699 020	11.14
	女	2 076 890	12.95

① 资料来源：Canadian Survey on Disability，2012.

续表

年龄段	性别	残疾人（人）	残疾率（%）
15～64	合计	2 338 240	9.16
	男	1 097 360	8.64
	女	1 240 880	9.68
15～24	合计	195 720	4.20
	男	101 870	4.28
	女	93 850	4.12
25～44	合计	598 680	6.13
	男	273 940	5.64
	女	324 740	6.62
45～64	合计	1 543 840	13.90
	男	721 550	13.21
	女	822 290	14.57
65岁以上	合计	1 437 670	24.93
	男	601 660	23.52
	女	836 010	26.05
65～74	合计	653 900	20.82
	男	297 460	19.99
	女	356 440	21.57
75岁以上	合计	783 770	29.85
	男	304 200	28.45
	女	479 570	30.81

注：①因四舍五入原因，可能存在加总不绝对相等的情况；②残疾率等于该年龄段/该性别条件下的残疾人口与该年龄段/该性别总人口的比值。

加拿大联邦政府通过援助残疾人就业的多边框架协议，帮助残疾人进行就业准备、获得就业机会以及保住工作岗位。各省（地区）因地制宜制定出相应的社会福利与社会服务政策，帮助残疾人克服就业障碍，最终通过残疾人的康复与就业，使残疾人获得更大的独立性，更好地融入社会。

一、立法保障

加拿大建立了完善的法律体系，以保障残疾人的福利权益。1982年，加拿大出台的《权利与自由宪章》明确规定，每个人在法律面前拥有平等权利，不因种族、来源国、肤色、宗教信仰、性别以及精神生理残疾而受歧视。1985年通过的《加拿大人权法》要求禁止在服务、住房、就业和宣传出版方面因种族、来源国、肤色、宗教信仰、性别、婚姻、家庭以及残疾等原因歧视他人。各省也都有明确具体的规定。安大略省的《安大略残疾人法》要求政府促进有关建筑与场地的无障碍设计指南制定，要承担和分担有关建筑物和场地无障碍更新费用，要以可能的各种方式购买残疾人无障碍的商品和服务。

2007年加拿大政府出台《加拿大残疾人储蓄法》，旨在通过残疾人储蓄计划，鼓励残疾人进行长期储蓄，以为他们自己提供足够的经济支持。该法案规定了成立专门机构管理该法案的相关事宜，在受益人参加储蓄的情况下，该机构会根据不同情况为受益人账户充入不同比例的加拿大残疾人储蓄补助金。具体奖励办法是：当受益人存在以下三种情况时，缴纳低于500加元部分享受300%的补贴；缴纳在500~1 500加元部分享受200%的补贴。

享受加拿大残疾人储蓄奖励计划的三种情况分别是：（1）上一年度12月31日前已满18周岁，并且家庭收入不高于中等收入水平；（2）符合条件的个体，其用于计算儿童税收福利的家庭收入不高于中等收入水平；（3）由《儿童特别基金法案》至少向其支付一个月津贴的人。其他情况下，等额奖励缴费人缴纳金额最高不超过1 000加元。

二、无障碍设施辅助用具

加拿大政府认为,残疾人的生存障碍之所以存在,是因为他们的功能与所需要的技术和环境不相匹配,一旦能够给残疾人提供他们所需要的技术与环境,残疾人的障碍就会不复存在。加拿大无障碍设施辅助用具发展十分发达,根据《2009年加拿大辅助器具与技术产业名录》,加拿大有辅助器具和辅助技术方面生产商300多个、代理商300多个、经销商200多个、出口商50多个,加拿大助行器具普及率至少为35.14%,语音电话、放大阅读、盲文计算机等无障碍设备也被广泛应用于残疾人的生活。

三、残疾人津贴

1. 军人残疾津贴

加拿大政府面向军人主要设立残疾人津贴与残疾人养恤金制度。残疾人津贴是设立给在军中服役并受伤残疾的现役或者退役军人,其数量取决于两个条件:(1)致残因素与从事工作的关联性;(2)致残的程度。在军队服役的年份以及级别不影响这份津贴数额的多少。此外,加拿大政府还为残疾军人提供衣物补助和永久性损伤补助,康复、心理健康及病历管理服务,在残疾军人康复时间内支付工资收入,不能工作会支付退休福利、健康照料服务,或者帮助寻找一份新的工作等。

加拿大残疾军人福利的另一项重要内容是残疾人养恤金。这份津贴仍然是按月发放,且享受免税资格。凡参加第二次世界大战或者朝鲜战争的退役人员、在战时为作战部队提供服务的公民、过去或者当下正在享受加拿大皇家骑警(RCMP)的公民、加拿大武装部队成员以及退役人员,皆可享受残疾人养恤金。

2. 学生残疾津贴

针对残疾学生，加拿大政府设立了专项教育基金，即永久性残疾学生资助计划（CSGSPD），该计划涵盖了服务、津贴以及项目，资助残疾学生及其家庭。永久性残疾学生资助计划每学年最高能为申请人提供 8 000 加元的现金资助。申请人需要满足以下条件：（1）至少有 1 加元的资助额需要；（2）在指定的院校全职或者脱产学习；（3）符合永久性伤残标准；（4）能够提供医疗诊断书、心理评估以及中央或者省出具过永久性损伤资助的文件；（5）提供手写材料，陈述需要相关教育；（6）提供手写材料，陈述相关服务和设施的使用费用。当学生出现永久性损伤不能继续完成学业或者工作劳动时，还可以申请严重损伤残疾津贴（SPDB），以帮助残疾学生偿还学生期间的贷款。

3. 孩童残疾津贴

针对 25 岁以下的残疾人群体，加拿大政府在加拿大养老金计划中做了特别规定。凡是未满 18 周岁，或者已满 18 周岁但未满 25 周岁，在指定大学或学院全日制就读的残疾人，其家庭有机会享受政府 CPP 计划中的津贴补助。申领这一津贴补助，需要残疾孩童是亲生儿，或年龄低于 21 周岁的合法收养儿，或年龄低于 21 周岁事实上被照顾或收养的孩子，且其父母一方或监护人已经满足领取加拿大退休养老金的相关要求、正在享受加拿大养老金计划中的残疾人津贴或者已经去世。

第四节　加拿大受害者福利计划

为让受害者的诉求在司法系统中得到有效表达，加拿大设立受害者基金（VF），资助旨在发展与改善诉求公平正义的方式方法，提高受害者及其家人获得司法服务的可能性。具体而言，VF基金设立有以下目的：（1）提高受害者在司法系统中的参与度，改善其参与途径。（2）促进有关受害者的法律、政策以及项目的发展。（3）促进司法系统中受害者的诉求执行。（4）提高受害者服务意识，普及相关知识及法律；鼓励政府与非政府组织认识到受害者在服务中的利益诉求，通过服务与经济资助帮助他们。（5）促进非政府组织内部能力建设。非营利性组织或机构、原著居民社区或专业的组织协会、教育机构、非政府组织、私人资助的非营利项目、非政府组织的国际合作项目等都具有申请主体的资格。

当加拿大公民在国外遭受严重的犯罪伤害时，可以申请最高达10 000加元的受害者基金。从2007年8月1日开始，当加拿大公民个人作为受害者出现在国外的司法审判，遭遇严重困难，并且没有其他渠道的经济援助时可以依法申请加拿大受害者基金。这里所说的严重困难包括：遭受严重的暴力犯罪侵袭，如出现杀人、性侵犯、故意伤害以及严重的暴力攻击，受害者家庭成员因故离世、生病或者丧失民事行为能力，有关孩子的案件等。

加拿大受害者基金下设儿童保护中心，当儿童或者青少年作为受害者或者证人出现在司法审判中时，该中心会通过合适方法最大程度保护他们的利益。该中心采取个性化、孩子可以接受的方式为孩子或者青少年提供服务，最大限度地减少他们作为受害者或者证人在司法判决中受到的伤害。当非政府组织筹备、创立或者发展儿童保护中心时，可以向受害者基金申请资金支持。

儿童保护中心设立在社区，虽然没有两个完全一样的儿童保护中心，但是多数中心都有一个提供多种服务的团队，提供的服务包括法律实施、儿童保护与拯救、心理健康、受害者服务、儿童保护服务、辩护律师、受害者保护与支持、庭审支持、专业医疗评估与治疗、专业心理健康服务、案件检查和追踪等。

2011年4月1日至2012年3月31日，全加拿大760个受害者服务提供机构为将近46万犯罪受害者提供服务。在提供的服务中，最多的是保护服务（92%）和危机服务（90%），其次是为受害者参与庭审（90%）、提供庭审支持（89%）提供服务。将近三分之二（64%）的服务提供者提供的是心理相关支持，超过一半的服务是庇护（59%）和补偿资助（56%）。[①]

为更好地倾听受害者的声音，加拿大政府开展了定期的受害幸存者周活动，以提高公民对受害者与幸存者所需服务、法律与资金帮助的关注度。受害幸存者周同时也是对为受害者和幸存者及其家庭提供服务与支持机构的认可和宣传。

2016年的受害幸存者周举办时间是3月29日至4月4日。各地通过会议、广播、报纸、电视等宣传受害幸存者周活动。2016年活动的主题是"我们声音的力量"，这次活动的意义体现在：（1）许多受害者和幸存者都试图超越他们受伤害本身而发出他们自己的声音，为这个国家带来更积极的改变；（2）在全加拿大，有无数敬业的专业人士和志愿者在用他们的力量为受害者和幸存者提供高效的服务；（3）在联邦、省（地区）以及市和社区中的不同地方，都有专业的法律人士和志愿者在为受害者和幸存者及其家庭提供信息与帮助，需要确保所有需要这些帮助的人都能知道；（4）在过去六

---

① 数据来源：Victim Services Survey，2011/2012。

十年里,加拿大刑事司法系统在礼貌对待、同情和尊重受害者方面已经取得巨大进步,通过共同协作,各级政府将注意到受害者和幸存者的声音,且会给予应有的处置。加拿大受害者福利计划为加拿大公民特别是弱势群体,在遭受伤害时提供了有效的帮助,为加拿大司法公正做出了卓越的贡献。

结 束 语

　　加拿大属于高福利国家，联邦、省（地区）和市三级政府都有名目繁多的社会福利保障计划，加拿大公民及永久居住者能够享受"幼有所托、老有所养、病有所医"的高水平社会福利。以加拿大老年保障计划体系为例，零支柱是老年收入保障计划，旨在通过收入再分配的方式，向老年群体免费提供一定额度的养老金，在养老保障体系中发挥着兜底作用，替代率约为15%；第一支柱为加拿大/魁北克养老金计划，以就业和半就业人口为保障对象，强制性的要求雇主和雇员共同缴费形成养老基金，用于支付该计划下退休雇员的养老金，替代率约为25%；第二支柱为补充养老保险计划，包括注册养老金计划和注册退休储蓄计划，用以提高老年人口的收入水平，替代率约为18%。通过老年保障计划，加拿大公民无论对社会保障有多大经济贡献，年老后都能够维持基本生活。

　　在加拿大社会保障体系中，有些社会福利是完全免费的，有些则需要支付一定的费用后才能够享受；有些社会福利覆盖全体公民和永久居住者，有些则对申请人有着特殊的要求；有些社会福利针对申请者个人，有些则要求以家庭为单位申请。加拿大公民，特别是侨民，如果不能很好地阅读加拿大社会保障法律条款，可能会错过很多应当享受的福利；如果对加拿大社会保障制度研究的十分透彻，单纯依靠政府救济，也能过着安逸的生活。

　　希望通过对加拿大社会保障制度概况的介绍，能够帮助读者从中了解加拿大社会保障制度的体系结构，这也是本书撰写之初衷。

参 考 文 献

[1] 于洪. 加拿大社会保障制度 [M]. 上海：上海人民出版社，2011.

[2] 惠特克. 当今世界的社会福利 [M]. 北京：法律出版社，2003.

[3] 仇雨临. 加拿大社会保障制度的选择及其对中国的启示 [M]. 北京：经济管理出版社，2003.

[4] 孟卫军，秦莉，沈勤. 社会保障国际比较 [M]. 北京：清华大学出版社，2013.

[5] 林闽钢. 社会保障国际比较 [M]. 北京：科学出版社，2015.

[6] 吕学静. 社会保障国际比较 [M]. 北京：首都经济贸易大学出版社，2007.

[7] 褚福灵. 社会保障国际比较 [M]. 北京：中国劳动社会保障出版社，2006.

[8] 穆怀中. 社会保障国际比较 [M]. 北京：中国劳动社会保障出版社，2014.

[9] 刘文海. 发达国家社会保障制度 [M]. 北京：时事出版社，2001.

[10] 吕学静. 现代各国社会保障制度 [M]. 北京：中国劳动出版社，2006.

[11] 孙建勇. 社会保障基金监管制度国际比较 [M]. 北京：中国财政经济出版社，2004.

[12] 于洪. 外国养老保障制度 [M]. 上海：上海财经大学出版社，2005.

[13] 周弘. 社会保障制度国际比较 [M]. 北京：中国劳动社会保障出版社，2010.

[14] 吕学静. 典型国家残疾人社会福利制度比较研究 [M]. 北京：首都经济贸易大学出版社，2012.

[15] R. 米什拉. 资本主义社会的福利国家 [M]. 北京：法律出版社，2003.

[16] 周沛. 残疾人社会福利 [M]. 济南：山东人民出版社，2013.

[17] 张秋霞. 加拿大养老保障制度 [M]. 北京：中国社会出版社，2010.

[18] Battle K. Torjman S，Mendelson M. Strengthening the Canada Pension Plan：Take it to the public [M]. Ottawa：Caledon Institute of Social Policy，2013.

[19] Wolfson M. Not so Modest Options for Expanding the CPP/QPP [M]. Montreal：Institute for Research on Public Policy，2013.

[20] Pension systems and retirement incomes across OECD countries [M]. Cheltenham：Edward Elgar Publishing，2001.

[21] Battle K. A bigger and better child benefit：A $5,000 Canada Child Tax Benefit [M]. Ottawa：Caledon Institute of Social

Policy, 2008.

[22] Inderst G. Pension fundinvestment in infrastructure: Lessons from Australia and Canada [J]. Rotman International Journal of Pension Management, 2014, 7 (1): 40-48.

[23] Emery J. C. H., Fleisch V. C., McIntyre L. Legislated changes to federal pension income in Canada will adversely affect low income seniors' health [J]. Preventive medicine, 2013, 57 (6): 963-966.

[24] Bédard-Pagé G., Demers A., Tuer E., et al. Large Canadian Public Pension Funds: A Financial System Perspective [J]. Bank of Canada Financial System Review, 2016, (1): 33-38.

[25] Sheets D. J., Gallagher E. M. Aging in Canada: state of the art and science [J]. The Gerontologist, 2013, 53 (1): 1-8.

[26] Boisclair D., Lusardi A., Michaud P. C. Financial literacy and retirement planning in Canada [J]. Journal of Pension Economics and Finance, 2014 (2): 1-20.

[27] EmeryJ. C., Matheson J. A. Should income transfers be targeted or universal? Insights from public pension influences on elderly mortality in Canada, 1921 – 1966 [J]. Canadian Journal of Economics, 2012, 45 (1): 247-269.

[28] Andrietti V., Hildebrand V. A. Evaluating Pension Portability Reforms: The Tax Reform Act of 1986 as a Natural Experiment Abstract [J]. Economic Inquiry, 2016.

[29] Schirle T.. Senior poverty in Canada: a decomposition

analysis [J]. Canadian Public Policy，2013，39（4）：517-540.

[30] Watson T.. Global pension assetsstudy 2012 [M]. London：Towers Watson，2012.

[31] Baker M.，Benjamin D.. Early retirement provisions and the labor force behavior of older men：Evidence fromCanada [J]. Journal of Labor Economics，1999，17（4）：724-756.

[32] Gruber J. Social security and retirement in Canada [R]. National Bureau of Economic Research，1997.

[33] Jacobs J. C.，Laporte A，Van Houtven C H，et al. Caregiving intensity and retirement status in Canada [J]. Social science & medicine，2014，102：74-82.

[34] Godbout L.，Trudel Y.，St-Cerny S. Differential Returns by Year of Retirement under the Canada Pension Plan [J]. Canadian Public Policy，2014，40（4）：364-376.

[35] Emery J. C. H，Fleisch V. C.，McIntyre L. Legislated changes to federal pension income in Canada will adversely affect low income seniors' health [J]. Preventive medicine，2013，57（6）：963-966.

[36] Corak M.，Curtis L.，Phipps S. Research Brief No. 6-Family Background and Economic Mobility in the United States and Canada [J]. Population Change and Lifecourse Strategic Knowledge Cluster Research Policy Brief，2016，1（3）：9.

[37] Parsons Leigh J.，Gauthier A. H.，Iversen R. R.，et al. Caught in between：neoliberal rhetoric and middle-income families in

Canada and the United States [J]. Journal of Family Studies, 2016 (1): 1-17.

[38] Schirle T. The effect of universal child benefits on labour supply [J]. Canadian Journal of Economics/Revue canadienne d'économique, 2015, 48 (2): 437-463.

[39] Smeeding T., Thévenot C. Addressing Child Poverty: How Does the United States Compare With Other Nations? [J]. Academic pediatrics, 2016, 16 (3): S67-S75.

[40] Milligan K., Stabile M. Do child tax benefits affect the well-being of children? Evidence from Canadian child benefit expansions [J]. American Economic Journal: Economic Policy, 2011, 3 (3): 175-205.

[41] Milligan K., Stabile M. The integration of child tax credits andwelfare: Evidence from the Canadian National Child Benefit program [J]. Journal of public Economics, 2007, 91 (1): 305-326.

[42] Myles J. When markets fail: social welfare in Canada and the UnitedStates [J]. Welfare states in transition: National adaptations in global economies, 1996, 2 (164): 116.

[43] Lefebvre P., Merrigan P. Child - care policy and the labor supply of mothers with young children: A natural experiment from Canada [J]. Journal of Labor Economics, 2008, 26 (3): 519-548.

[44] Milligan K., Stabile M. Child benefits, maternal em-

ployment, and children's health: Evidence from Canadian child benefit expansions [J]. The American Economic Review, 2009, 99 (2): 128-132.

[45] Skrypnek B. J., Fast J. E. Work and Family Policy in Canada Family Needs, Collective Solutions [J]. Journal of Family Issues, 1996, 17 (6): 793-812.

[46] Raphael D. Social determinants of children's health in Canada: Analysis and implications [J]. International Journal of Child Youth and Family Studies, 2014, 5 (2): 220-239.

[47] Siddiqi A., Kawachi I, Keating D. P, et al. A comparative study of population health in the United states and Canada during the neoliberal era, 1980 – 2008 [J]. International Journal of Health Services, 2013, 43 (2): 193-216.

[48] Woolhandler S., Campbell T., Himmelstein D. U: Costs of health care administration in the United States and Canada [J]. New England Journal of Medicine, 2003, 349 (8): 768-775.

[49] Myhr G., Payne K. Cost-effectiveness of cognitive-behavioural therapy for mental disorders: implications for public health care funding policy inCanada [J]. The Canadian Journal of Psychiatry, 2006, 51 (10): 662-670.

[50] Wagstaff A., Van Doorslaer E. Equity in health care finance anddelivery [J]. Handbook of health economics, 2000 (1): 1803-1862.

[51] Hutchison B., Levesoue J. F., Strumpf E., et al. Pri-

mary health care in Canada: systems in motion [J]. Milbank Quarterly, 2011, 89 (2): 256-288.

[52] Stabile M., Thomson S. The changing role of government in financing health care: an international perspective [J]. Journal of Economic Literature, 2014, 52 (2): 480-518.

[53] Pieper L., DeVries T. J., Sorge U. S., et al. Variability in risk assessment and management plan (RAMP) scores completed as part of the Ontario Johne's education and management assistance program (2010 – 2013) [J]. Journal of dairy science, 2015, 98 (4): 2419-2426.

[54] Dyck R. The Canada AssistancePlan: the ultimate in co-operative federalism [J]. canadian public administration, 1976, 19 (4): 587-602.

[55] Bella L. The provincial role in the Canadian welfare state: the influence of provincial social policy initiatives on the design of the Canada AssistancePlan [J]. canadian public administration, 1979, 22 (3): 439-452.

[56] Riches G. Food banks and food security: welfare reform, human rights and social policy. Lessons from Canada? [J]. Social Policy & Administration, 2002, 36 (6): 648-663.

[57] Gough I., Bradshaw J., Ditch J., et al. Social assistance in OECD countries [J]. Journal of European social policy, 1997, 7 (1): 17-43.

[58] Loopstra R., Tarasuk V. Food bank usage is a poor indi-

cator of food insecurity: Insights fromCanada [J]. Social Policy and Society, 2015, 14 (03): 443-455.

[59] Farahbakhsh J, Ball G. D. C., Farmer A. P, et al. How do Student Clients of a University-based Food Bank Cope with Food Insecurity? [J]. Canadian Journal of Dietetic Practice and Research, 2015, 76 (4): 200-203.

[60] McIntyre L., Patterson P. B., Anderson L. C., et al. Household food insecurity in Canada: problem definition and potential solutions in the public policy domain [J]. Canadian Public Policy, 2016, 42 (1): 83-93.

[61] Abdulla M., Martin R., Gooch M., et al. The importance of quantifying food waste in Canada [J]. Journal of Agriculture, Food Systems, and Community Development, 2016, 3 (2): 137-151.

[62] Guerriere D., Husain A., Marshall D., et al. Predictors of place of death for those in receipt of home-based palliative care services in Ontario, Canada [J]. Journal of palliative care, 2015, 31 (2): 76-88.

[63] Van Dyk N. Financing social housing in Canada [J]. Housing Policy Debate, 1995, 6 (4): 815-848.

[64] 仇雨临. 加拿大社会保障制度对中国的启示 [J]. 中国人民大学学报, 2004, 18 (1): 57-63.

[65] 王红梅. 加拿大《就业保险法》简介及评价 [J]. 华东经济管理, 2003, 17 (6): 156-157.

[66] 张友仁，张秋舫. 加拿大的社会保障制度［J］. 经济学家，1990（5）：104-110.

[67] 刘苓玲. 加拿大全民健康保险模式对我国社会医疗保险体制改革的启示［J］. 经济与管理研究，2006（7）：77-80.

[68] 谭金可. 从失业保险转向就业保险的加拿大经验与启示［J］. 财经问题研究，2016（3）：80-86.

[69] 赵忠，王水连，马哲等. 加拿大失业保障政策的变迁、现状及影响［J］. 教学与研究，2015，49（1）：35-43.

[70] 商德文. 加拿大的公共医疗保险制度［J］. 人口学刊，2002（4）：13-13.

[71] 十国社会保障改革课题组. 加拿大福利制度及其改革困境［J］. 经济学动态，1994（3）：80-83，65.

[72] 季丽新. 公平视角下加拿大医疗卫生政策剖析［J］. 山东社会科学，2012（11）：77-81.

[73] 李亚敏，王浩. 加拿大养老金制度的发展及其对中国的启示［J］. 财经科学，2011（2）：35-42.

[74] 潘记永. 浅析加拿大社会福利制度［J］. 东岳论丛，2013，34（2）：60-64.

[75] 孙洁，孙守纪. 非缴费型养老金计划及其减贫效果比较研究——美国和加拿大的比较分析［J］. 学习与实践，2013（8）：91-100.

[76] 李亚敏，王浩. 加拿大养老金制度的发展及其对中国的启示［J］. 财经科学，2011（2）：35-42.

[77] 孙颖. 加拿大的养老金制度［J］. 经济纵横，2000（7）：

43-46.

[78] 王文灵. 加拿大养老金计划投资委员会的治理体系及其启示 [J]. 经济管理，2008（11）：74-77.

[79] 郑秉文，何树方. 加拿大社保制度改革与建立"主权养老基金"十年回顾与评价 [J]. 当代亚太，2008（1）：88-107.

[80] 王玉花. 加拿大的就业保险制度 [J]. 经济与管理评论，2006，22（2）：129-132.

[81] 商德文. 加拿大的失业保险制度 [J]. 人口学刊，2002（3）：53-53.

[82] 海波. 加拿大的失业保险制度和就业咨询服务 [J]. 中国人力资源开发，1992（3）：46-48.

[83] 刘俊. 加拿大工伤保险制度 [J]. 中国劳动，2007（10）：26-28.

[84] 俞佳. 加拿大工伤保险制度掠影 [J]. 劳动保护，2004（11）：65-65.

[85] 周慧文. 加拿大安大略省工伤保险费率情况介绍 [J]. 世界安全卫生信息，2000（2）：24-28.

[86] 宋春江. 加拿大安大略省的工伤赔偿制度 [J]. 上海劳动保障，2000（8）：42-44.

[87]《中华人民共和国社会救济法》起草者赴美国、加拿大考察团. 美国、加拿大社会救助考察报告 [J]. 社会工作研究，1995（5）：1-8.

[88] 郭林，张巍. 积极救助述评：20世纪以来社会救助的理论内核与政策实践 [J]. 学术研究，2014（4）：54-62.

[89] 刘苓玲. 各国社会医疗救助制度及其对建立我国城市贫困人口社会医疗救助的启示 [J]. 人口与经济, 2006 (1): 65-70.

[90] 孙月蓉. 加拿大低收入家庭保障计划对我国的启示——从完善最低生活保障制度的视角 [J]. 社会保障研究, 2012 (2): 107-112.

[91] 于洪. 加拿大: 政府主导的全民医保 [J]. 中国医院院长, 2013 (19): 37-40.

[92] 危旭芳. 加拿大的劳动关系管理: 经验与借鉴 [J]. 中国城市经济, 2010 (12): 298-298.

[93] 葛音. 新保守主义影响下的加拿大福利国家转型研究 [J]. 科学经济社会, 2016, 34 (3): 69-73.

[94] 叶毓蔚. 在加拿大怎么看病 [J]. 公共管理研究, 2015 (3): 36-38.

[95] 高尚省. 加拿大社会福利制度及对广州的启示 [J]. 城市观察, 2014, 34 (6): 133-142.

[96] 朱希峰. 加拿大社会福利制度中的社会工作 [J]. 社会福利, 2005 (4): 51-52.

[97] 孔娟. 加拿大的社会福利 [J]. 社会福利, 2002 (10): 52-54.

[98] 葛音. 1960年以来加拿大关于社会贫困问题的研究 [J]. 历史教学, 2010 (3): 54-59.

[99] 宁亚芳. 加拿大儿童税收福利制度及对中国贫困家庭儿童福利建设的启示 [J]. 长沙民政职业技术学院学报, 2011 (3): 33-36.

[100] 王阅春，陈建钢. 浅谈加拿大社会福利制度与医疗保障体系 [J]. 中国高等医学教育，2008（7）：123.

[101] 姜峰. 加拿大社会福利制度对教育的保障作用 [J]. 外国中小学教育，2007（12）：56-58.

[102] 季丽新. "社会投资"理论视角下加拿大社会政策改革考析及其对我国的启示 [J]. 山东大学学报：哲学社会科学版，2014（5）：70-77.

[103] 于澄姣. 中加儿童权利保护的比较研究 [J]. 社会福利：理论版，2012（12）：36-39.

[104] 胡乐乐. 加拿大儿童早期教育入学率低下导致儿童福利退步 [J]. 基础教育参考，2007（8）：23-24.

[105] 姜百臣. 英国和加拿大住房保障制度模式考察 [J]. 中国房地产金融，2007（3）：45-48.

[106] 李小荣. 加拿大的住房按揭及按揭保险 [J]. 中国房地产，2004（2）：76-77.

[107] 徐雯. 加拿大多伦多市低收入者住房保障政策 [J]. 住宅科技，2006（1）：57-62.

[108] 蒋勤，祁彦. 加拿大，美国住房抵押贷款担保及其对上海的启示 [J]. 上海住宅，2002（6）：36-39.

[109] 马晨. 加拿大的住房状况 [J]. 中国房地产业，2005（6）：60-61.

[110] 詹浩勇，陈再齐. 加拿大社会保障住房的发展及其启示 [J]. 商业研究，2012（4）：182-187.

[111] 刘波，赵继敏. 世界城市住房保障政策比较研究 [J].

国际城市规划，2012，27（1）：16-20.

［112］刘婧娇. 残疾人社会保障国际比较及启示［J］. 劳动保障世界：理论版，2012（10）：18-22.